競馬なしでは生きられない！

SY

斉藤慎二
Saito Shinji

小学館よしもと新書

はじめに

『司会を務めさせていただいている『ウイニング競馬』（テレビ東京系）や、『うまズキッ！』（フジテレビ系）などの競馬番組で僕を観ていただいた方は、僕が競馬好きであることをご存じかと思います。逆にこの本で初めて僕が競馬好きだと知った人もいるでしょう。中には、僕のことをよく知らないという人もいるかもしれません。

ジャングルポケットという3人組で芸人をさせていただいている、斉藤慎二と申します。競馬ファンなら周知ですが、「ジャングルポケット」というトリオ名は、『日本ダービー』（GⅠ）も制した名馬の馬名が由来。単純にカッコイイ名前だから選んだのですが、ある取材で「東京のレースで強かったジャングルポケットみたいに、〝東京で負けない〟という意味が込められているのですか？」と聞かれて以来、こちらの由来を採用しています（笑）。この本では、僕なりの競馬の楽しみ方と馬券の予想術について詳しく解説していきたいと思います。

僕の馬券の買い方や勝率を知っている人は、穴馬券ばかり狙う僕の予想術にあまり信頼を置いていないかもしれません。しかし、僕は過去のデータを長い時間をかけて分析しながら、いつも真剣に予想しています。穴馬券を狙うのにもちゃんとした根拠があるのです。穴馬券予想のポイントは「どれだけ有力馬を消せるか」、そして人気薄馬の過去のレースを分析して、予想しているレースの勝算となる「価値ある負け」を見つけられるか。この本では、そんな僕なりの馬券予想術を記させていただきました。『うまズキッ!』における「目指せ100万円!ジャンポケ斉藤　炎の自腹1点勝負」の企画で、穴馬券を3回連続で的中させることができた秘訣《ひけつ》も詳細に書いています。

この本を読めば、たとえ僕の予想が外れた時でも、〝外れたなりにけっこういい線行ってたんだな〟ということを理解してもらえると思います。

僕が競馬と出会ったのは、まだ中学生だった14歳の頃でした。

それは夏休みに親戚で集まり、ご飯を食べていた時のこと。僕が食べている横で大人たちがテレビにかぶりつき、「行け！」とか「よし！」とか叫んでいる。何事かと気になって画面を覗《のぞ》いてみると、そこに映っていたのが競馬中継だったのです。これが競馬との初めての出会いでした。

画面の中で疾走する競走馬を見た瞬間、その躍動感に衝撃を受けました。親の勧めもあって野球部に在籍していたものの、本気で熱くなれるものがなかった自分にとって、それまで感じたことのない高揚感。「この気持ちはいったい何なんだ!?」。いてもたってもいられなくなった僕は、その場で父親に「競馬を見に行きたい！」と懇願し、3日後には競馬場へ連れていってもらいました。

それまでわがままなんて言ったことのなかった僕が、いきなり「競馬場に連れていってほしい」と言い出したわけですから、父親も相当ビックリしたと思います。

僕の家は千葉県にあり、船橋競馬場にも中山競馬場にも近く、競馬好きの人から見ればかなり恵まれた環境。僕にとって千葉県にある夢の国といえば、ディズニーランドではなく、この2つの競馬場なのです。たまたま競馬場が家の近くにあったことも、今思えば運命だったのかもしれません。

最初に連れていってもらったのは地方競馬の船橋競馬場でした。初めて競馬場でサラブレッドを見た時の感動は今でも忘れられません。馬体の大きさ、盛り上がった筋肉、疾走するスピードなど、すべてが想像を超えていました。当然ながらまだ馬券を買うことはできませんでしたが、そんなことは関係なし。ギャンブルをする場所ではなく、競走馬と会える場所。中学生時代の僕にとってはそれが競馬場だったのです。

それ以後も父親は何度も僕を競馬場へ連れていってくれましたが、実のところ父親は競馬初心者。親戚と競馬中継を見ていたものの、馬券を買ったことも競馬場へ行ったこともなかったのです。それでも毎月のように僕を競馬場へ連れていってくれたことは今でも感謝しています。父親からすると競馬で散財しているその後の僕の姿を見て、少し後悔しているのかもしれませんが……。

あれから20年。とにかくここから、僕と競馬の一生続くであろう長い付き合いがスタートしました。

公営ギャンブルである競馬は、日本において合法的にギャンブルが楽しめる数少ない娯楽のひとつです。さらに、公営ギャンブルの中では、20代の若者や女性でも気軽に楽しめる要素が比較的多いと思います。

競馬は20歳にならないと馬券を買うことができませんが、僕はこうして10代の頃から競馬場に通っていました（10代でも入場することはできるのです）。

競馬場へ行った日は、パドックやレースで競走馬を朝から夕暮れまで飽きることなく眺めていました。ただ純粋に競馬が好きだったのです。こういった僕の競馬愛が馬券の買い方にも大きな影響を与えています。

僕にとって競馬は単なるギャンブルではありません。すでに人生の一部となっています。そんな競馬の魅力をもっと多くの人に知ってほしい。

そんな僕の想いが、この本にはたくさん詰まっています。

２０１６年11月　斉藤慎二

競馬なしでは生きられない！

目次

第一章

穴党競馬芸人ができるまで

競馬をきっかけに動き出した人生

14歳で競馬と出会って以来、僕の中ではどんどん競馬熱が高まっていきました。馬券も買えない中学生だった当時の自分が、なぜ競馬に惹《ひ》かれたのか。

正直それは自分でもよくわかりません。ただ当時の状況を振り返ってみると、競走馬に自分を重ね合わせていた部分があったのかもしれません。

中学時代の僕は、クラスでいじめられていて友達もいませんでした。とは言いつつ、学校も部活も休まず行っていて成績もまずまず。野球部の練習が終わって家に帰ると、テレビも見ないで机に向かっていました。

ただし、それは親の期待に応《こた》えようと頑張っていただけで、夢や目標があったわけではないんです。あの頃は何の趣味もないし、欲もない。楽しいと感じることもない。ただ漠然と同じような日々を繰り返すだけ。子どもながらに、そんな人生に内心悶々《もんもん》としていたように思います。

そんな時、突然僕の前に現れたのが競馬でした。全力で駆け抜ける競走馬の姿や、馬に対する観客たちの歓声。そこには当時の自分に欠けていた〝必死さ〟や〝熱さ〟がありました。何事にも冷めた子どもだった僕には、それが刺激的に見えたのかもしれません。

競走馬が必死に走る姿には、今でも勇気と感動をもらえます。僕が競馬を愛してやまないのも、突き詰めるとそこが原点といえます。

週末も野球部の練習があったので、父親と競馬場に行けるのは、ズル休みを除けば練習が雨天中止になった時だけ。土日の朝に起きて雨音が聞こえると本当に嬉《うれ》しかった。週末に雨が降って喜んでいた子どもは僕くらいでしょう。

競馬と出会ってから、自分の中でだんだん自我が芽生えてきました。ただ流されるだけでなく、自分で考え、自分で行動するようになり、将来についても考えるようになったのです。それは自分の中で本当に大きな変化でした。

競馬を見るようになって視野が広がると、競馬以外の趣味もできました。それは観劇です。それまでも何度か舞台やミュージカルに連れていってもらったことはありましたが、年齢とともに少しずつその面白さが理解できるようになりました。お小遣いを貯《た》めたり、親に頼んだりしていろいろな舞台を観に行きましたね。

競馬も舞台も観客にライブで見せるところは同じ。演者と観客が一期一会の空間を共有するところが好きなんです。

そこから将来は役者になりたいと考えるようになり、高校入学後に本気で目指すことを決意。卒業後の進路も数多くの俳優や女優を輩出している桐朋《とうほう》学園芸術短期大学に進んで演劇を専攻すると決めました。

僕の家は母親が教師をしていることもあって教育熱心でしたが、僕の好奇心や感性を伸ばすことも教育の一貫というとらえ方で、役者を目指すという僕の決断にも理解を示してくれました。

さらに、僕が進学した高校には競馬好きの生徒がけっこういて、すぐに友達もできたんです。ところが競馬場に行く機会は激減しました。高校でも親の期待に応えようと野球部に在籍していたのですが、施設が充実しすぎていて、雨の日でも室内練習があったのです……。週末も練習と試合でなかなか休みがなく、「いつになったら競馬場に行けるんだ！」って。高校時代は本当にストレスが溜《た》まりましたね。

それでも、競馬という趣味と出会えたことで、友達ができて将来の夢も見つかって、僕の人生は一気に動き出しました。競走馬と同様、僕も必死に走ると決めたのです。

競馬場はいつも変わらずそこにある

高校卒業後は目標通り、桐朋学園芸術短期大学に進学し、演劇コースで2年間稽古の日々を送りました。演技だけでなく、ダンスや歌唱、発声法にいたるまで厳しいレッスンを受けます。演劇経験がなかったのは同級生で自分だけでしたが、何とか食らいついて、卒業公演では主役をやらせてもらいました。

稽古とアルバイトで毎日ヘトヘト。それでも最後まで頑張ることができたのは、週末には競馬場に行ってパワーをもらっていたからだと思います。

卒業後は役者の登竜門ともいわれる文学座の研究生となり、順調にステップアップ。しかし、調子が良かったのはここまででした。研究生から昇格することができずに養成期間が終了してしまい、役者への道がいきなり閉ざされてしまったのです。それはまさに僕の人生における初の挫折《ざせつ》でした。

21歳で人生の目標を失った僕は、やることもなく茫然《ぼうぜん》自失の状態。精一杯やってダメだったのだから仕方ない、と自分に言い聞かせつつ、目標のない日々の虚《むな》しさに襲われていました。

そしてある日、気が付くと僕は船橋競馬場にいました。当時は実家を出て東京に住んでいたのに、なぜわざわざ船橋まで行ったのかは自分でもわかりません。

この頃はもう馬券を買える年齢になっていましたが、この日は一番端っこの席でぼーっとレースを眺めるだけ。

競馬場に行けば、競走馬は必死に走り、観客は熱い声援を送っている。いつもと同じようにこの日も競馬場は、僕を優しく受け止めてくれました。

最終レースが終わると、涙がボロボロ出てきて止まらない。自分はなんて情けない人間なんだろう。このままじゃダメだ、と。今でも船橋競馬場に行くと、あの時のほろ苦い気持ちを思い出します。

競馬場では、いつもその時の心情が解放されます。だから僕の人生における喜怒哀楽は、すべて競馬場に詰まっているのです。

ありがたいことに、今はテレビ東京さんの『ウイニング競馬』で司会をやらせていただいているため、毎週競馬場に行っていますが、そこは仕事なので感情を抑えるように必死に我慢しています。レース中などカメラに映っていない時は、「よしっ！」とか「行けーっ！」などとついつい絶叫してしまうこともあるんですけどね。

競馬ファンでなくても、仕事や学校で疲れたら一度競馬場に行ってみてください。大空の下で馬が走っている姿を見るだけでも気持ちいいじゃないですか。

映画館や劇場と違って競馬場は広いので、GⅠレースが開催される日でもなければ、他人を気にせず一人でのんびり観戦できるスペースもたくさんあります。一般的に競馬場はギャンブル場としてのイメージばかり先行していますが、癒しスポットとしての魅力もあるのです。

もちろん馬券が外れまくって、うなだれて帰る日もいっぱいあるんですけどね……。

サラリーマン生活と競走馬の生き様

僕が本格的に馬券を買うようになったのは、役者の道を断念してサラリーマンになってからでした。千葉の実家に戻り、営業マンとして給料もそこそこもらえたので、思う存分に馬券を買いました。

中学生の頃から競馬場に通い、ずっと馬券を買う大人たちを羨《うらや》ましく見ていたので、毎週、馬券を買える生活は本当に夢のよう。

学生時代からレースの着順予想はしていたのですが、ただ予想するのと、実際にお金を出して馬券を買うのとでは全然違います。やはり競馬というのは、馬券を買ってこそ楽しめるのだと実感しました。

昔から物欲がほとんどない人間なので、サラリーマン時代は給料の大半を馬券に注ぎ込む生活に。人生の目標がなくなり、その頃の僕には競馬しか熱くなれるものがなかったんです。競馬をしている時だけは、役者の夢をあきらめた虚しさも忘れることができました。

営業成績も良かったし毎週競馬もできるし、社会人1年生としては順調なスタート。競馬でいえば、やっとデビューした新馬と同じ立場になったわけです。

「新馬」とは、まだレースデビューしていない競走馬を指し、新馬戦は新馬のみが出走できる新人レースです。そして、新馬戦を圧勝した馬は、将来のスターホース候補として注目されるのです。

3歳新馬のレースもありますが、新馬戦に出走するのは2歳馬が中心。競走馬は誕生日に関係なく、翌年の1月1日で年齢が加算されるため、ほとんどの競走馬は生まれてから2〜3年以内にレースデビューを果たします。

日本競馬界で最高峰のタイトルといわれる『東京優駿（日本ダービー）』（GⅠ）は、3歳馬限定のレースですから、競馬界ではまだデビュー1、2年目の競走馬が、その世代の日本一を決める大舞台を戦うわけです。

さらに、競走馬は4歳になると「古馬」と呼ばれ、もうベテランの域に入ります。これだけでも競走馬の寿命がいかに短いかわかっていただけるでしょう。

特に強豪馬は種牡馬《しゅぼば》や繁殖牝馬《ひんば》となるため4歳や5歳で引退するケースも多く、日本競馬史上最強といわれた名馬・ディープインパクトも、新馬戦に出走してからわずか2年で引退しています。競走馬の寿命は短く、あっという間に僕らの前を駆け抜けていきます。そんなはかなさも競馬のロマンといえるのかもしれません。

「芸人」という人生の穴馬券

サラリーマン生活を始めてから1年以上が過ぎた頃、僕はますます競馬にのめり込んでいました。最初こそ馬連（1着と2着の組み合わせで当てる）中心で手堅く馬券を買っていましたが、気が付くとオッズが5倍以上の複勝を狙う穴党に（その理由は第二章で改めて説明します）。

「複勝」の馬券は、賭けた馬が3着以内に入れば的中となる馬券。7頭以下の少頭数レースに限っては2着以内で的中となります。僕の穴馬券を狙うスタイルはこの頃に形成されました。

このまま千葉でサラリーマンとして生きていくのかな。そう思っていた矢先、予想もしなかった転機が訪れます。ある日、外回りを終えて会社に帰ると、年配の女性上司からいきなり声をかけられました。

「斉藤くん、この仕事楽しくないでしょ。あなたは俳優になりたかったんだよね？だったら吉本興業に行きなさいよ。お笑いをやりながらドラマや映画に出ている芸人さんもたくさんいるんだから、役者を目指すならそれが一番てっとり早いよ」

その上司の言葉に僕の心は動揺して、そして徐々に深く刺さってきました。営業成績は上々で給料も上がり、この道でよかったんだと自分に言い聞かせてきましたが、心の奥底では役者になる夢をあきらめきれていなかったのです。

文学座で認められなかったんだから、自分が目指すような役者にはなれない……。そう思って封じ込めていた気持ちが、上司の言葉によって一気に再燃。その日のうちにNSC（吉本総合芸能学院）へ入学願書を送付すると、翌日には部長に辞表を提出していました。

ちなみに入学願書を送った日は、その年の願書締め切りの前日。女性上司は締め切り日を知っていたわけではないので、何か不思議な感じがしましたね。

ただ、後からわかったことですが、上司は役者を目指せと言いたかったわけではなく、仕事に慣れて集中力が欠けていた僕を挑発し、奮起させようとしただけだったのです。だから、翌日に外回りから帰ってきた上司は、僕の机がきれいに片付いているのを見て、腰を抜かすほど驚いたそうです。

つまりは僕の勘違いでしたが、それがきっかけでサラリーマンを辞め、お笑いの世界へ足を踏み入れることになりました。もしもあの時、女性上司にムチを入れられていなければ、僕は走り出すこともなく、今でもサラリーマンをしていたと思います。

願書は無事に間に合い、NSCへの入学が決まりましたが、僕にはひとつ不安がありました。昔からテレビをほとんど見ていなかったため、お笑いに関する知識が皆無に等しかったのです。知っている芸人といえばさんまさんやダウンタウンさんくらい、という程度の人間がお笑い芸人を目指すなんて、今思うと考えられないですよね。

だからお笑いへの挑戦は、僕にとってまさに人生の万馬券を狙う挑戦でもあったのです。

第二章

僕の競馬愛と穴馬券

馬券を買うから競馬は楽しい

馬券を買えない中学生の頃から競馬場に通っていた僕にとって、競馬の魅力というのは決してギャンブルとしてだけではありません。

しかし、馬券を買えるようになって感じたのは、馬券を買ったほうがより競馬は楽しくなるということでした。

馬券を買うということは、単にお金を賭けるだけではありません。馬券を買うことによって、自分もそのレースに参加することができるのです。

馬券のオッズ（的中した場合の倍率）も僕たちが予想して馬券を買うことにより、どんどん変動していきます。競馬というのは、レースに出る騎手や馬だけでなく、馬券を買う人たちがいて初めて成り立つというわけです。

馬券を買わなければレースの傍観者でしかありません。しかし、馬券を買うことでレースの〝関係者〟になることができるのです。

レースに出走する馬を一頭も知らないという競馬初心者の方でも、馬券を買うことで応援する馬ができますよね。なんといっても自分のお金を賭けているわけですから。それまで何の関係もなかった馬と、馬券によってつながることができるんです。

やはり馬券を買うのと買わないのとでは、レースに対する興味の大きさが全然違ってきます。当たれば嬉しいし、外れれば悔しいし、ギャンブルならではのスリルが味わえる。おおげさでなく、馬券というのはレース観戦を最高に楽しくする魔法のチケットといってもいいでしょう。

また競馬場の入場料は、100円ないし200円と安く、馬券も100円から購入できます。ギャンブルと聞くとお金を散財するイメージがありますが、遊び方次第ではそれほどお金を出さなくても競馬を楽しむことができるのです。

ちなみに僕は、彼女ができると必ず競馬場へ連れていきます。最初はあまり乗り気じゃなかった彼女が、馬券を買って一緒に競馬を楽しんでくれるようになると、本当に嬉しい気持ちになるんです。競馬の魅力をわかってくれたのかなって。

ただ、昔付き合っていたある彼女が、あまりにも競馬にハマりすぎて、常連の競馬オヤジみたいに大量の勝馬投票券を握りしめたまま鬼のような顔で絶叫している姿を見た時は、少し焦りましたが……。

馬券を買う魅力は決してお金儲《もう》けのためだけじゃないんです。馬券を買うことでレースに出る馬と自分がつながるんだということを覚えておいてください。

中央競馬と地方競馬

日本の競馬には「中央競馬」と「地方競馬」があります。中央競馬というのは、ひとことで言うとＪＲＡ（日本中央競馬会）が主催する競馬です。全国に10の競馬場（函館、札幌、福島、新潟、中山、東京、中京、京都、阪神、小倉）があります。

中央競馬を主催するＪＲＡは、競馬を行う目的で日本政府が全額出資する特殊法人であり、売り上げは国の収入として国庫に入ります。

それに対し、地方競馬は地方公共団体が主催する競馬です。地方競馬は２０１６年現在、14の主催者により、全国17か所の競馬場で開催されていて、首都圏だけでも４つの競馬場（船橋、浦和、大井、川崎）があります。

ちなみに中央競馬に対して、〝地方競馬〟という表現を使っているだけであり、東京都内にある大井競馬場も地方競馬の競馬場です。

地方競馬は基本的に各競馬場のある県や市で構成される組合組織が運営元であるため、中央競馬のように一括運営されているわけではありません。それに中央競馬に比べると運営資金が少なく、多くの地方競馬場が厳しい運営を強いられています。

この関係をエンタメの世界でたとえるなら、中央競馬が全国展開しているシネコンで、地方競馬が単館系の映画館といった感じ。あるいは中央競馬が劇団四季で、地方競馬が昔ながらの大衆劇団といったところでしょうか。

事業規模は国の事業である中央競馬が地方競馬を圧倒。10万人以上の大観衆を集め、数百億円もの売り上げを記録する『日本ダービー』『天皇賞』『有馬記念』といったビッグレースはすべて中央競馬のレースであり、事業規模の違いがそのまま人気面の差となって表れています。

僕は『ウイニング競馬』でもお世話になっていますし、中央競馬を愛していますが、それに負けないぐらい地方競馬も好きなんです。中央競馬の競馬場にしか行かないという競馬ファンもいますが、中央競馬と地方競馬にはそれぞれ違った魅力や味わいがあるので、ぜひ両方の競馬場に行ってほしいです。

同じ地域にある中央競馬と地方競馬の競馬場で同時期にレースが開催される場合は、レースの日程がなるべく重複しないように配慮されています。

たとえば、中央競馬は基本的に週末開催なので、東京競馬場や千葉県の中山競馬場でレースが開催される時期は大井競馬場や船橋競馬場といった首都圏の地方競馬場は平日開催となります。

だから僕は、中央競馬の競馬場に毎週末行っていても、平日に時間があれば地方競馬にも通います。特に大井競馬場や川崎競馬場はナイター開催もあるので行きやすい。仕事が早く終わった日などはそのまま仕事先から直行します。たとえ最終レースしか見られなくても行きたくなるんです。

競馬界のメジャーリーグである中央競馬の競馬場は、場内が広く、施設も近代的。それに比べると地方競馬は場内がやや狭く、施設も最新とはいえません。でも地方競馬ならではの味があるんですよ。そして、その味わいが競馬場ごとに異なる。昭和の雰囲気が残る商店街なんかを歩いていると癒されるじゃないですか。そんな感じで地方競馬の競馬場に行くと僕はとても癒されるんです。

首都圏以外の地方競馬にはまだほとんど行ったことがないので行ってみたいなぁ。岩手の水沢競馬場、あのオグリキャップを輩出した岐阜の笠松競馬場、兵庫の園田競馬場、高知の高知競馬場……もう行くことを想像するだけでわくわくします。

「はじめに」でも書きましたが、僕は14歳の時、父親にせがんで競馬場に連れていってもらいました。学校が夏休みだったので、初めて行ったのは平日開催の船橋競馬場。そして、同じ週の週末に中山競馬場に連れていってもらいました。

つまり僕は競馬場デビューの時からずっと中央競馬と地方競馬の両方を楽しんでいるわけです。今思えば中央競馬と地方競馬の競馬場が家の近くにあり、最初から両方を見られたことは、本当にラッキーでした。

中央競馬に負けない地方競馬の騎手たち

中央競馬と地方競馬には競馬場以外にもいろいろな違いがあります。競走馬に乗る騎手も、中央と地方それぞれ別の騎手免許が交付されています。

あの武豊騎手は中央競馬の騎手です。女性騎手として話題になっている藤田菜七子騎手も中央競馬の騎手になります。ビッグレースに騎乗する中央競馬の騎手は、地方競馬の騎手に比べて知名度や注目度はかなり高いといえるでしょう。

中央競馬の騎手は、海外の一流騎手と比較してもその実力は遜色《そんしょく》ありません。ヨーロッパの第一線で活躍していたミルコ・デムーロ騎手やクリストフ・ルメール騎手が2015年に中央競馬の騎手免許を取得し、日本を拠点にしていることからも、中央競馬のレベルの高さがうかがえるかと思います。

しかし、地方競馬の騎手も実力では中央競馬の騎手に決して引けを取りません。その証拠に、笠松競馬出身の安藤勝己騎手（2013年引退）をはじめ、園田競馬出身の岩田康誠騎手、大井競馬出身の内田博幸騎手や戸崎圭太騎手など、地方競馬から移籍してきた多くの騎手が中央競馬で活躍しています。

地方から中央への移籍を果たした先駆者ともいえる安藤勝己騎手は、中央競馬でも数多くのGIタイトルを獲得しましたし、2009年には内田博幸騎手が地方競馬出身の騎手として初めて中央競馬のリーディングジョッキー（年間最多勝利騎手）となりました。戸崎圭太騎手も2014年、2015年と2年連続でリーディングジョッキーに輝くなど、地方競馬出身騎手のレベルの高さを証明しています。

やはり血統の良い強い馬は賞金の高い中央競馬に集まるので、騎乗する競走馬のレベルは地方競馬のほうがどうしても劣ります。そして騎手はレースに勝つと優勝賞金の5%を受け取ると一般的に言われていますが、地方競馬は中央競馬より賞金額がかなり低いため、その分だけ騎手の収入も多くはありません。それでも、地方の騎手は中央競馬とは違った経験を積むことでその実力を伸ばしているのです。

まず平日開催が中心である地方競馬の騎手は、週末しか開催されない中央競馬の騎手より数多くのレースを経験できます。やはり勝負の世界では実戦経験が重要。地方競馬のベテラン騎手なんかはまさに百戦錬磨といった感じですからね。これはお笑いの世界でも同じです。たくさんのライブに出て、場数を踏むことで多くのことが学べる。ウケなくて落ち込むことがあっても、それが成長につながるわけです。

また、地方競馬の競馬場は狭いので、基本的に直線が短くてコーナーのカーブがきつい。加速する直線距離が短いため、どうしても先行馬が有利になる。さらに、地方競馬は盛岡競馬場以外はすべてスピードの出にくい土のダートコースなので、レース序盤から馬群の前めの位置取りをしないとなかなか勝てません。

こういった環境で揉《も》まれているため、地方競馬で勝っている騎手はスタートで失敗することが少ないし、序盤から馬を動かして好位置に付ける技術も卓越しています。ほかにも小回りのコーナーを曲がる技術だったり、馬込みでの手綱さばきだったり、話せばまだまだありますが、このように地方競馬だからこそ磨かれる技術もあるのです。

中央競馬と地方競馬の素敵な関係

中央競馬と地方競馬は決して敵対しているわけではありません。この両者には交流関係もあります。

中央競馬には、「指定交流競走」という地方競馬所属の馬を招待して開催されるレースがあり、招待された馬には地方競馬の騎手が騎乗できます。また、同日に開催されるほかのレースにも地方の騎手の騎乗が認められます。つまり地方競馬の騎手でありながら、中央競馬の馬に騎乗できるというわけです。

指定交流競走がある日のレースでは、僕のテンションも上がります。いつも少ない観客の前で走っている地方競馬の競走馬や騎手たちが、華やかな中央競馬の舞台に立つわけですから応援せずにはいられません。

馬券の予想でも、地方競馬を追いかけ続けている僕のアドバンテージが発揮されます。普段中央競馬しか見ていない人は、地方競馬の馬や騎手を知らないため、予想するためのデータが不足しています。その点、僕は地方競馬に通って培ったデータや予備知識があるので、騎乗する騎手も含めた出走馬の実力をしっかりと比較し、レース展開を予想できるというわけです。

地方競馬にも、同じように「指定交流競走」があり、中央競馬所属の馬を招待して行われます。また、こうしたレースでは他地区の地方競馬に所属している競走馬も招待されます。中央競馬所属の馬には中央の騎手が騎乗できるため、普段は中央競馬しか見ないファンが、応援する馬や騎手を追って地方競馬の競馬場に足を運ぶ光景が見られます。

昔でいえば、デビュー以来100連敗という記録を作ってアイドル的な人気となった高知競馬のハルウララに、あの武豊騎手が騎乗し、高知競馬場の最高売り上げ記録を更新した、なんてこともありました。結果は、残念ながら10着でしたが。

さらに、この指定交流競走には、中央競馬の若手騎手が経験を積むことができるメリットもあるのです。女性騎手として注目を集める藤田菜七子騎手は、実戦デビューが地方競馬の川崎競馬場で行われた交流レースでしたし、以後も積極的に地方競馬に遠征してレース経験を積んでいます。

馬券の発売に関しても、中央競馬を主催するJRAの場外馬券場である「ウインズ」（後楽園、汐留）では、南関東公営競馬（大井、川崎、船橋、浦和）の馬券売場が併設されています（汐留は大井のみ）。こういう連携が、今後ももっと増えていくといいですよね。

以前、僕が出演している『ウイニング競馬』に、大井競馬の伝説的名騎手である的場文男騎手が出演してくれました。『ウイニング競馬』は中央競馬の中継番組なので、地方競馬の騎手が出演するのはとても珍しいことなんです。的場騎手は中央競馬の騎手からも一目置かれていて、福永祐一騎手など一流騎手の方々が的場騎手へのコメントを番組に寄せてくれました。

ちなみに福永祐一騎手は、中央競馬の騎手の中でも特に地方競馬との強いつながりがあるんです。彼の父親は天才といわれた福永洋一騎手。しかし、不運な落馬事故により引退を余儀なくされてしまいました。

その後、福永洋一騎手の功績を称《たた》えるために、出身地である高知市の高知競馬が立ち上がり、2010年に『福永洋一記念』というレースを創設したのです。現在もそのレースがある日は、福永親子がプレゼンターとして高知競馬場を訪れ、ファンを喜ばせています。中央競馬で活躍した騎手の功績を地方競馬が称えるなんて本当に泣けます。こういった中央と地方の心温まる交流を見るたびに、競馬っていいなあと改めて思います。

お笑いの師匠は地方競馬場の予想屋

地方競馬にはほかにも、中央競馬にはない見どころがあります。それは、〝予想屋〟

さんの存在です。

予想屋とは、自分が予想した馬券の買い目を来場者に売っている人のこと。ちゃんと競馬場側から認可を受けて活動しています。予想屋はそれぞれ割り振られた場所に立ち、来場者に向かって自分の馬券予想やレースに関する情報を演説します。

この演説では最終的な着順予想までは公表されないため、演説を聞いてその予想屋の着順予想を買いたいと思った客が、料金を支払って着順予想が書かれた紙を受け取ります。着順予想の料金は通常1レース200円で、1日分の予想をセットで売っている場合もあります。中央競馬では予想屋の活動が認められていないため、地方競馬に行かないと見ることができません。複数の予想屋がズラリと並んで演説している光景は地方競馬の名物といえます。

中央競馬に比べると地方競馬は基本的に新聞やテレビでの扱いが小さいし、地方競馬の馬券予想を掲載している競馬新聞も買えるところが限られているので、馬や騎手の情報が少ないんです。しかし、地方競馬はレースの出走頭数が少ないので情報さえあれば予想はしやすい。最近でこそ専門サイトや情報アプリなどで地方競馬のデータも手に入りやすくなりましたが、まだまだ予想するための情報量が足りないため、こういった予想屋さんの需要があるのです。

人気がある予想屋さんのまわりには、いつも人だかりができています。これはもちろん予想屋としての腕や信頼度もありますけど、それ以上に集客力のある予想屋さんはとにかくしゃべりがうまい。人を惹きつける話術を持っているんですよ。

逆に着順予想の的中率が高くても、しゃべりが下手だったり、声が出ていなかったら、人は集まりません。人気の予想屋さんは声質も発声もいいし、笑いもしっかり取るんです。話の間《ま》とかテンポとか、言葉選びだとか、芸人としても本当に勉強になります。話の途中で聴衆から何か言われた時の切り返しも絶妙で、ついつい馬券の予想より話術に注目してしまいます。

予想屋さんにとっては、馬券予想の演説が、芸人にとっての単独ライブのようなものですから、毎日、実戦で話術の腕を磨いているわけです。今、僕がバラエティー番組などで話しているトークのほとんどは、この予想屋さんたちをお手本にしたもの。オチの一つ手前で少し声のトーンを落としてゆっくりと話すとか、ひな壇でも予想屋さんから学んだことを大いに生かしています。

第一章でも書きましたが、僕はバラエティー番組をほとんど見ることなく育ってきたので、お笑いに関して何も知らないまま芸人になりました。そんな僕にとってのお笑いの師匠は、地方競馬の予想屋さんたちなのです。

もちろん馬券予想に関しても、考え方の基礎は予想屋さんから学びました。予想屋さんたちは本当に情報量がとんでもなく多い。データの分析力もすごいし、予想に確かな根拠と説得力があります。

皆さんも地方競馬に行ったら、ぜひ予想屋さんたちの〝ライブ〟を観てください。

障害レースに愛を!

競馬のレースは、平地を走る「平地競走」と、障害物を飛越する「障害競走」に分けられます。さらに平地競走には、芝生のコース（芝コース）を走る「芝レース」と、土のコース（ダートコース）を走る「ダートレース」という2種類のレースがあります。

中央競馬の競馬場は敷地面積が広いため、すべて芝コースとダートコースの両方を有していますが、地方競馬で芝コースがあるのは盛岡競馬場のみ。地方のほかの競馬場ではダートレースしか行われていません。

中央競馬でも『フェブラリーステークス』や『チャンピオンズカップ』といったダートのGIレースがありますが、基本的には芝レースが主役となります。しかし、芝よりダートが得意な競走馬もいて、そうした馬は中央競馬でもダートレースを中心に戦っています。

そして、いよいよ「障害競走（障害レース）」の話に入ります。障害レースを抜きにして競馬の魅力は語れません。

日本で障害レースが行われているのは中央競馬のみ。地方競馬場では現在行われていません。また、障害競走にも『中山グランドジャンプ』『中山大障害』という2つのJ・GIレースがあり、ともに中山競馬場で開催されています。

障害レースは、たとえるなら陸上競技のハードル走のようなもの。3000〜4000メートルもの長距離レースとして行われ、走りながらコースの途中に設けられた生籬《いけがき》や竹柵《ちくさく》などの障害を飛越していきます。

騎手免許も平地競走とは別に発行されていて、障害競走の騎手免許を保持している騎手でなければ、障害レースで騎乗することはできません。

馬券の予想に関しても、障害レースならではの面白さがあるんです。障害レースは長距離かつ障害に対する馬の適性や、騎手の技量に差が表れやすいため、研究すれば予想は立てやすい。さらに出走頭数も少ないため、穴馬券が比較的狙いやすいともいえます。

しかし、僕が障害レースを好きな理由はそこではありません。馬が長距離を走りながら、さらに障害もジャンプして跳び越える。障害を無事クリアするたびに観客から一斉に拍手が起こるんです。そこはもう自分が賭けている馬かどうかなんて関係なくて、ただ純粋に馬を応援する気持ちなんですね。転倒することなくすべての馬と騎手が無事にゴールしてほしい。そんな願いを込めてレースを見ているのです。障害レースの時は、観客の一体感がいつも以上にひしひしと感じられます。

馬が必死に障害を跳び越える姿を見ると、いつも感動をもらえます。第一章で、競走馬が必死に走る姿に勇気と感動をもらえると書きましたが、その感動を最もたくさん享受できるレースが僕にとっては障害レースなのです。

今までいろいろな競馬のレースを見てきましたが、障害レースほど馬に対する観客の愛情を感じられるレースはありません。僕は障害レースを見るたびに、競馬の魅力はギャンブルを超えたところにあるのだと気付かされるんです。

騎手に学ぶ責任感とプロ意識

『ウイニング競馬』に出演するようになってから、騎手の方に取材したり、食事に誘っていただいたりする機会も増えました。ずっと競馬を見てきた僕にとって、それは本当に嬉しいことなのですが、それ以上に嬉しかったのは、騎手の方々が僕の想像以上に尊敬できる人物であったこと。その競馬に取り組む姿勢や温かい人柄に触れて、競馬がますます好きになりました。

蛯名正義騎手は放送予定時間が5分ぐらいのインタビューでもわかりやすく丁寧に30分ぐらいしゃべってくれますし、柴田大知騎手や武士沢友治騎手はとても腰が低くて、こちらが恐縮してしまいます。福永祐一騎手はプライベートで一緒に飲ませていただいた時も、熱く競馬の話をたくさん語ってくれました。

2015年から日本を主戦場にしているクリストフ・ルメール騎手やミルコ・デムーロ騎手は、会うたびに日本語が上達していて、その努力には本当に頭が下がります。ほかの騎手の方々も忙しい中、嫌な顔ひとつせず取材に協力してくれて、こういう人たちだからこそ、競走馬も信頼して走れるのだろうと感じました。

そして中でも印象に残っているのは、柴田善臣騎手にインタビューした時のことです。レースで好調に勝ち星を伸ばしていたので、僕が「これだけの結果が出て、かなり満足なのでは？」と聞いたら、柴田騎手は「いえ、一度も満足したことはありません」と答えたんです。その言葉は心にズシンと響きました。

騎手は自分の意思ではなく、騎乗依頼を受けて競走馬に乗ります。馬主や調教師は手塩にかけた競走馬の勝利を騎手に託すわけです。さらに、強豪馬に騎乗する騎手には勝利を期待してたくさんのお金が賭けられます。『有馬記念』（GＩ）のようなビッグレースでは1レースだけで何百億円ものお金が動く。騎手にとってレースで負けるということは、自分が悔しいとかそんな生やさしいものではなく、多くの人からの大きな期待を裏切るということにもなるのです。

だから騎手は負けたレースがひとつでもあれば満足することはできない。騎手の皆さんはいつも気さくに接してくださるので忘れてしまいがちですが、彼らは常に大きなプレッシャーを背負って戦っている。そして、体重を維持しなければならない彼らは常に食事にも気を使いながら厳しいトレーニングを続けている。柴田騎手の言葉から、騎手という仕事の過酷さを改めて認識しました。

仕事は違いますが、この騎手の方々の責任感とプロ意識は見習うべきものだと思いました。

どんな番組でもイベントでも自分をキャスティングしてくれたのは、芸人としての何かを期待されてのこと。だからこそ自分も呼ばれた番組やイベントでしっかり〝笑い〟という結果を出さないといけない。

僕にはまだ必ず爆笑を取れるほどの実力はありませんが、騎手の皆さんと同じように、どんな現場でも全力を尽くし、結果にこだわっていく姿勢は忘れないようにしたいと思います。

穴馬券狙いの裏にある競馬愛

僕が仕事に全力で取り組む姿勢は、『ウイニング競馬』のMCでも同じです。毎週、僕が自分で買った馬券を見せているのも本気で予想しているからこそ。予想を発表する際に実際に買った馬券を見せる形にしたのは、じつは番組MCの話をいただいた時に、僕がスタッフの方に提案しました。予想だけして、もしも馬券を買っていなかったら、視聴者の方にもこちらの本気が伝わらないと思ったからです。

番組を見ている人には周知の事実かと思いますが、僕はいわゆる「穴党」です。基本的に穴馬券しか狙いません。これは決してふざけているのではなく、自然の流れで穴党になっていったのです。

最初の頃は、僕も普通に馬連の馬券を中心に買っていました。しかし、サラリーマンになって思う存分馬券を買えるようになると、次第にオッズが5倍以上の複勝を狙うようになり、結果的に穴馬券しか買わなくなっていきました。

馬連の馬券を買う時って、2頭のうち1着に来る頭が決まっている時もあるじゃないですか。そういう時に馬単（1着と2着を着順通りに当てる）のオッズを見たら、当然ながら馬連よりオイシイ。そこでしばらくは馬単を買っていたら、そのうち1着を固定するんだったら単勝でいいんじゃないかと思い始めたんです。ただ、そこで僕が1着に固定する馬はすでに1番人気や2番人気の本命馬じゃないことが多かったんですが……。

でもそれは、あくまでレース条件や出走馬のデータを僕なりに分析した結果であって、決して一か八かの勝負をしているわけではありません。

そうやって単勝の馬券を買っていると、2着や3着で外すことがけっこう多かった。そこで、オッズが高ければ複勝にすればいいと気付いたのです。人からはよく「なんで複勝ばっかり買うの？」と聞かれますが、僕の中では自然な流れだったのです。

そして、もうひとつ僕が複勝にこだわる理由があります。複勝馬券を買うことによって、普段スポットライトが当たらない馬を本命馬にできるんです。

人気薄の馬が1着を取ることは簡単ではありません。しかし、3着以内なら十分に可能性がある。3連単を狙う場合は3頭とも当てないとダメですけど、複勝なら1頭当てるだけでいいですからね。

レース中も上位人気の有力馬に向けて声援が飛び交う中、僕だけまったく違う馬の名前を叫んでいる(笑)。ほとんどの観客が優勝争いに注目する中、僕だけ3着争いに注目しているわけです。

複勝馬券を買った時は、賭けた馬が3着以内に入れれば、僕にとってはその馬が勝者であり、ヒーローなのです。

いつも有力馬の陰に隠れて頑張っている馬たちにスポットライトを当てて、全力で応援できるのが複勝馬券の大きな魅力。

今まで複勝馬券を買ってきたからこそ、僕だけのヒーローとたくさん巡り会うことができました。

だから僕は今日も穴馬券を買うのです。

第二章
穴馬券予想術①（券種選択）

僕が1点買いにこだわる理由

公営ギャンブルは、競馬以外にも競艇や競輪、オートレースがあります。これらのレースと競馬の最も大きな違いは、馬が走るということです。

動物が走るわけですから体調や気分次第で走りは変わります。たとえば、クビ差で負けて2着になった馬は、次にもう一回走ったら勝てる可能性は十分にある。競馬では着順と走力が必ずしも一致しているわけではないんです。

馬は言葉を話せないので、当然すべてを読み取ることはできません。でも、そこが面白いところ。さまざまな情報やデータを分析し、そういった不確定要素を読み解くところに競馬の醍醐味《だいごみ》があるのだと思います。

僕にとっての着順予想は、たとえればレースという方程式を解く作業といった感じでしょうか。そのレースで「最も儲かる馬券」がその答え。言い換えれば、そのレースで起こるべくして起こる波乱を読み解く。複勝馬券であれば、3着以内に入る可能性が低いと思われている馬が、3着までに入ることを読み解く作業です。

手堅い馬券を買って当てても、僕には刺激が足りなくてあまり面白くない。簡単な方程式より難しい方程式を解くほうが面白い。当たった時の喜びや達成感も大きいと思うのです。

僕の中ではすべてのレースの着順予想に根拠があります。勘で当たってもそれでは意味がありません。着順だけでなくレース展開も含めて的中した時、初めて僕の中では「方程式を解けた」ことになるのです。

着順予想でレースという方程式を読み解き、実際のレースで答え合わせをする。方程式の答えはひとつですから、複数の解答を用意して、どれかひとつが正解しても、それは読み解いたことにはなりませんよね。

だから僕は、1点勝負にこだわっているわけです。自分の出した答えが合っているのか、間違っているのか。すべてのレースで僕はこういう推理ゲームを行っているのです。答えに正解すればお金もたくさんもらえるわけですから、これほどハラハラドキドキする推理ゲームはありません。

もちろん最後まで迷うレースも多いので、1点勝負にこだわらず、流して買ったほうが勝率は高くなるでしょう。でも、それで当たったとしても方程式が解けなかったことと同じです。馬券は当たっても勝負としては負け。もう完全に意地の境地ですね。でも、僕のこの1点勝負へのこだわりは、とても人には勧められません。僕の穴狙いの思考プロセスはぜひ参考にしてほしいのですが、この1点買いへのこだわりだけは決して真似《まね》をしないでください（笑）。

競馬新聞と馬柱

ここからは少しずつこの本のテーマでもある僕の馬券予想術について話していきたいと思います。予想術と呼べるほど立派なものではありませんが、僕が普段どのように馬券の予想をしているのかを説明していきます。

最近はスマートフォンやパソコンで競馬情報サイトを見るなど、競馬新聞を買わずに予想する人も増えているそうですが、僕は必ず競馬新聞を購入して予想します。これがなければ始まりません。やっぱり新聞のほうがいろいろ書き込めるし、出走表も大きくて使いやすいですから。

僕にとっては、馬券の予想をする時間も至福の時。テレビ局の楽屋、移動の車や電車、自宅など場所は選ばず、少しでも時間があれば競馬新聞を広げて予想を楽しんでいます。

競馬を知らない人に説明すると、ここでいう競馬新聞というのは、競馬専門の新聞だけではありません。『競馬エイト』『競馬ブック』などといった専門紙もありますが、『日刊スポーツ』『スポーツニッポン』『サンケイスポーツ』『スポーツ報知』『デイリースポーツ』『東京スポーツ』といったスポーツ新聞もこれに含まれます。

僕が愛読しているのは、『東京スポーツ』。略して東スポですね。ちなみに東スポは、東海地区なら『中京スポーツ』、関西地区なら『大阪スポーツ』と名称が変わります。

また、地方競馬の予想をする場合は、スポーツ新聞だと情報があまり載っていないので、馬券を買う競馬場に合わせて競馬専門紙を買っています。

競馬新聞には、各レースの出走表が掲載されていて、出走する競走馬の「馬柱《うまばしら》」が並んでいます。馬柱とは、各馬のデータがコンパクトにまとめられている情報欄で、ここに載っているデータを見ながら馬券を予想していきます。

まず見るのが枠順です。内枠か外枠か、どの馬が同じ枠に入るかで予想は変わってくるので重要です。そして次に予想オッズ（倍率）を見ます。僕はだいたい締め切り直前までオッズを見比べて馬券を買います。新聞に載っているオッズは、前日発売があるGI級のレース以外は各新聞社によって予想されたものですが、実際のオッズと大きく異なることはないので、狙い目を探るうえで、参考にさせてもらっています。

馬の基本情報欄には、その馬の血統がわかる父母の馬名と母の父の馬名、馬主名、調教師名、負担重量（斤量）、脚質（逃げ馬、先行馬、差し馬、追い込み馬などレースにおける走りのタイプ）などの情報が載っています。

記者予想欄には、各新聞社の競馬担当記者によるレースの本命馬や対抗馬、寸評などが書かれています。

距離適性の情報欄には、各馬の距離ごとのベストタイムや、そのタイムを記録した競馬場、過去の距離別の戦績などが載っています。

そして、近走成績欄には、最近出走したレースの条件（コース条件、騎乗騎手、斤量など）や馬体重、馬場状態、レース展開、着順、着差（タイム差）といったデータがレースごとにぎっしり詰まっています。

さらに、馬の調子がわかる調教タイム、過去のレースでの戦績、前走からの日程間隔、過去2着までに入った回数がわかる連対数、雨天日の適性を見る馬場状態別の戦績、芝とダートの適性を見るコース別の戦績など、情報が盛りだくさん。これに競馬情報サイトも駆使して、馬柱に載っていない過去のレース結果なども見ながら予想します。これらのデータを全レースそれぞれチェックするので、週末は本当に寝る暇がありません。

馬柱に載っている情報はだいたい各紙とも同じですが、レイアウトが違うので特定の競馬新聞に慣れると、もう他紙の馬柱は見にくく感じてしまう。一般紙でもテレビ番組欄のレイアウトが若干違うのと同じですね。

僕が東スポを愛読している理由は夕刊紙であること。僕は枠順が決まる前から出走馬のリストを見て予想を始めるため、少しでも早く枠順やオッズを見たい。

夕刊紙は、翌日に行われるレースの枠順を朝刊紙より早く見ることができるので、そこが一番大きいですね。

東スポの競馬担当記者である虎石晃《とらいしあきら》記者にも『ウイニング競馬』でご一緒させていただいているので、これからも東スポさんのお世話になると思います。

いろいろ選べる馬券の種類

馬券には「勝馬投票券」という正式名称があります。さらに、馬券にはさまざまな券種があります。主な券種は「単勝」「複勝」「枠連」「馬連」「馬単」「ワイド」「3連複」「3連単」。これは中央競馬も地方競馬も基本的には同じです。

中央競馬にはこれ以外にも、同じ馬の単勝と複勝を同時に購入できる「応援馬券」、JRA（日本中央競馬会）が指定する5レースすべての1着馬を予想する「WIN5」という馬券もあります。

地方競馬では、首都圏にある競馬場（船橋、浦和、大井、川崎）や金沢競馬場で「枠単」（1着と2着の枠番を着順どおりに当てる馬券）も発売。ネット限定ながら重勝式の馬券（5重勝単勝式、7重勝単勝式、トリプル馬単）を購入することもできます。

各レースによって、狙いやすい券種は異なります。競馬初心者であれば、1着馬を当てるだけの「単勝」や、2着までに入る2頭を予想する「馬連」、2着までに入る2頭の枠番を当てる「枠連」など、比較的予想が立てやすい券種から買い始める人が多いのではないでしょうか。

競馬ファンは好んで購入する券種がそれぞれ異なります。また、ひとつのレースで複数の券種を購入する人も多いので、どういう券種を組み合わせて買うのかも馬券予想の腕の見せどころといえるでしょう。

僕は基本的に1点勝負が信条なので、複数の券種を同時に購入することはありません。ただし例外もあります。

2015年の『チャンピオンズカップ』（GI）では、先に前日の『ウイニング競馬』で複勝を購入していたのですが、予想した馬が1着に来る可能性もあると踏んで後から単勝も買い足しました。結果的に予想的中で両方の馬券をバッチリ取りましたが、この時は最初に複勝を買ってしまった弱気な自分をむしろ責めました。

あとは3連単2頭軸のマルチ買い（軸の2頭と流した馬が1〜3着以内に入れば当たる買い方）。この場合ももちろん軸の2頭は人気薄の馬にしています。でも、こんな買い方は滅多に当たらないので真似しないでください。

出走表とオッズを見てから券種を決めるのは、選択肢が多すぎて予想するにも時間がかかって大変です。基本的には券種の柱と優先順位を先に決めておいて、それを軸に予想を詰めて馬券を購入するほうがいいかと思います。

穴馬券を狙いやすい複勝

どの券種を柱にするかは人それぞれで好みが異なるので正解はありません。ここからお話しするのはあくまでも穴党である僕の買い方です。一般的な買い方とはちょっと違うので、あくまで参考例としてお読みください。

第二章でも書きましたが、僕の馬券予想はオッズが5倍以上の複勝が柱。購入する馬券の7割ぐらいが複勝馬券になります。ただし、7頭立て以下の少頭数レースは、複勝の払い戻し条件が2着以内となるため、ほかの券種で買うことが多いです。

複勝馬券の最大の魅力は、なんといっても穴馬券を狙いやすいところ。単勝で穴馬券を狙っても人気薄の馬が1着を取るのは難しいですから。しかし複勝であれば5倍以上のオッズが付いている馬でも、３着以内に入る可能性は十分にあります。

ただし、実力のある有力馬が３頭いて順当な結果になりそうなレースは、複勝の予想も難しい。そういうレースは逆に有力馬以外のオッズが高くなるので大穴を狙うチャンスではあるんですけど。

馬連や馬単は、本命馬と穴馬を組み合わせてもオッズが低いし、本命馬が来ないケースもある。それだったら穴馬だけに賭ければいい。それに複勝なら１着ではなく、３着以内でいいわけですから。

大前提として、馬連や馬単の馬券は２頭とも当てないと的中にならない。僕の中では１頭を当てるだけでも難しいのに、２頭も当てなければならない馬券なんて買えないという意識があるんです。

あとはやっぱり前述したとおり、誰も注目していない脇役の馬をレースの主役として応援できるのが複勝の魅力。僕は映画や舞台なんかを見ていても、主役より脇役の俳優さんに注目してしまう。地味なんだけどいい味を出している役者さんに惹かれるのです。競馬の世界でも、目立たないけど頑張っている競走馬がたくさんいる。そういう馬にスポットライトを当てられるのが複勝馬券なのです。

こんなに素晴らしい馬券なのに、複勝を買う人って競馬ファンの中でもまだまだ少ないんですよね。ましてや複勝を柱に買ってる人なんて僕以外に見たことがない。『うまズキッ！』の企画「目指せ100万円！ジャンポケ斉藤　炎の自腹1点勝負」において、僕が複勝の1点買いを3連続で的中させたことにより、少しは複勝馬券も注目されればいいなとは思うんですが……。

でも、ひとつのレースで複数の券種を買う人は、複勝も選択肢に入れてオッズをチェックすると、実は狙い目のレースがたくさん見つかりますよ。

目を付けた穴馬が2頭いるなら3連単のマルチ

複勝の次に僕が買うことが多いのは、3連単の2頭軸マルチです。これは1点勝負とはいえませんが、軸にする2頭は人気薄の穴馬なので大穴馬券となります。こだわりとして、ここでも人気馬は絶対に買いません。

目を付けた穴馬が2頭いる場合、複勝を2点買うのではなく、3連単2頭軸マルチで狙うのが僕のやり方。そのほうがオッズもおいしいですからね。

現実的に穴馬2頭が1・2フィニッシュすることは難しいじゃないですか。だから馬連や馬単ではなく、3連単マルチにして1着・3着や2着・3着の線も残すわけです。3頭目に選ぶ馬はオッズによりますね。

穴馬2頭が軸で、それでもオッズが低ければ、さらに3頭目もできるだけ1〜3番人気を除外。思い切って人気薄の馬に流します。こうなるとだいたいオッズも跳ね上がって10万馬券を余裕で超えます。

ただこういった馬券も、決して一か八かで買っているわけではありません。自分の中でしっかり勝算を見つけて買っているのです。

でもまあ、自分で買っておいて言うのも何ですが、2頭までならともかく、3頭目まで穴馬にした3連単馬券なんてロマンはあるけど、さすがになかなか当たりませんね。

シンプルでわかりやすい単勝

3連単マルチの次に買うことが多いのは単勝です。前述した2015年の『チャンピオンズカップ』（GⅠ）のように、目を付けた穴馬が1着に来るとにらんだレースは、複勝ではなく単勝に切り換えます。複勝より単勝のほうが当然オッズも高いですし、複勝の払い戻し条件が2着以内となる少頭数レースなんかでは、特に単勝を狙う場合が多くなります。

僕は1点勝負が信条なのでよく複勝と単勝の選択で迷いますが、本当ならこういう時は、『チャンピオンズカップ』の時と同じように単勝と複勝を両方買うほうが賢明でしょう。応援馬券を買うのも、もちろんありです。

基本的に僕が単勝を狙うのは、どう考えても連対（2着以内）は外さないであろうと判断した有力馬が2頭いるレース。これは結構よくあるパターンなので覚えておいてください。

有力馬が2頭いて、1頭が単勝倍率2倍以下。もう1頭は単勝倍率5倍だったとします。その2頭が一緒に走ったレースが過去にあって、その時の着差が0・1~0・2秒程度だった。さらに、前回のレースで負けた馬のほうが今回はやや有利な枠に入っていたり、斤量が変わっていたりしたら、逆の結果ももちろんあり得る。ならば単勝倍率が高いほうの有力馬に絞って単勝を買ったほうが面白いだろうと。こういう単勝の狙い方ができるレースも好きですね。

また、オッズ次第ではこの2頭の馬単を買ってもいい。もちろんこの場合も単勝倍率の高いほうの馬を頭にします。

単勝を狙うのは少頭数レースが中心。多頭数のレースは馬に実力があってもコーナーで混み合ったりするなど力を発揮できない展開も考えられる。その点、少頭数レースは不確定要素が少ないので、単勝を狙いやすいといえます。

ほかにも僕の買い方とは異なりますが、少頭数レースなら1番人気の馬を外し、2番人気以下の単勝全通り買いもオススメです。1番人気の馬との組み合わせをあれこれ考えるより、他の馬の単勝オッズのほうが意外においしかったりする。この買い方だと、1番人気の馬が沈むだけでどれかが的中になりますからね。

競馬初心者の彼女とデートするような場合でも単勝馬券は最適。単勝オッズだけ見て予想できるので初心者でも簡単です。

さらに、賭けた馬の馬番や、騎乗する騎手が着ている勝負服の色さえ覚えておけば、レース中もその馬を目で追えるため、観戦がより楽しくなります。しかし、馬連や枠連の馬券を買ってしまうと、レース中に複数の馬を目で追う必要があるため、慣れていない人はどの馬を見ればいいのかわからなくなってしまいます。

単勝馬券であればそういう心配もなく、さらに、賭けた馬が1着でゴールしたら、馬券が当たる競馬の醍醐味をダイレクトに味わうこともできますよね。

単勝狙いがおいしいレースって実はけっこうあるので、そういうレースを見つける楽しさも知ってほしいと思います。

バリバリの本命がいるレースは馬単

多頭数レースでは、単勝より馬単を買うケースが多くなります。僕が馬単を狙うのは、やはりバリバリの本命馬がいて、なおかつ複勝で狙える馬が見当たらないレース。

こういうケースもけっこうあります。

枠順や斤量などで不利があっても、どんなレース展開になってもこの馬は必ず来るなというレベルの本命馬がいたら、その馬はもう1着に固定して動かさない。その代わり、その馬と組み合わせる2着をとにかく穴馬に流す。本命馬と上位人気の馬を組み合わせてもオッズは低いですから、いかに2着に飛び込む穴馬を見抜くかがこの買い方のポイントです。1番人気と最下位人気の組み合わせで馬単を当てたレースなんかは、もう本当に震えました。

また、馬単で2着の穴馬を予想する場合には、馬単と馬連のオッズを比較することも忘れないでください。これは意外なんですけど、馬単より馬連のオッズが高くなっているケースもあるんです。そして馬単のほうのオッズが高かったとしても、その差が1~2倍程度しかなければ、馬連に切り替える判断もありだと思います。

もうひとつ、僕が馬単を狙うケースで多いのは、単勝を狙う例としても挙げた有力馬が2頭いるレース。たとえば、「500万円以下」条件のレース（次章で説明します）で成績がずっと伸び悩んでいる出走馬たちの中に、上のクラスから落ちてきた降級馬が2頭混じっているケース。この2頭の降級馬がともに休養明けだったとしても、実力は抜けているだろうと。もちろんこういう場合でも、2頭のうちの人気薄の馬を頭にします。

軸となる本命馬がいないレースは、選択肢が広がりすぎるので馬単はあまり買いません。逆に本命馬がいるレースは、穴馬との組み合わせ次第でおいしい馬券もあるので、そこが馬単馬券の魅力ですね。

枠順次第では枠連も狙い目

最近は、自分も多頭数レースで枠連を買うことも増えてきました。これはもう完全に枠順次第なのですが、1日に1回は枠連を買っているかもしれません。

たとえば、7枠に有力馬が2頭いて、その枠に目を付けていた穴馬も入っている。つまり、賭けようか迷っている馬が3頭同じ枠に入ってしまった。こうなると外しにくい。このおいしい7枠にほかの人気薄の枠を組み合わせて枠連を狙うという買い方もアリだと思います。さらに、組み合わせる枠にも面白い馬が2頭入っていたら言うことナシです。この場合、７枠に入っている有力馬が１番人気や２番人気の馬だとオッズが低くなることもありますが、そうでなければけっこうオッズも付きます。毎週毎週、中央競馬の全レースを予想していると、こういう枠順の振り分けに出くわすこともけっこうあります。枠連は１枚の馬券で多くの馬に賭けられるので、ほかの券種より当たりそうな気がしますよね。

ただ、狙っていた馬が同じ枠に入った場合、同じ枠の２頭が１・２フィニッシュしてしまう可能性もあります。それがこの買い方の最大の弱点。そうなるともうお手上げです。

僕の中では、枠連で狙う時は同じ枠のゾロ目は絶対に買わないという信条があるので、ゾロ目の枠連を買うならほかの券種を買います。

馬の実力が拮抗《きっこう》していてなかなか絞りきれないレースなんかも、枠連が狙い目。ただ、枠連馬券は的中したとしても、僕の予想と全然違う展開で当たることもあるので、そういう時は喜びも半減といった感じです。

負けたくないならワイドもあり

なぜ僕がこれだけオッズを見比べて券種選択をするのか。それは単純な理由で、損をしたくないという気持ちが強いんです。これだけ穴馬券を狙っておいて損したくないなんて矛盾しているとは自分でも思いますが、ここでいう損得とはどちらかというと気持ち的なもの。僕の中では、せっかく当てるなら〝一番おいしい馬券〟を取りたいというこだわりがあるんです。

馬連を取ったけど、実は単勝で買っていたほうがオッズは高かったとか、後からそういうことを知って悔しい思いをしたくない。

僕がワイド馬券（3着以内に入る2頭を当てる）をあまり買わないのも同じような理由からです。ワイドはオッズが低いので、たとえ当たったとしても、「これならオッズの高い馬単を買っておけばよかった」と逆に悔しい気持ちになることもある。だったら最初から買わなければいいと。

だいたい僕がワイド馬券を購入する時っていうのは自信がない時ですね。

たとえば僕が目を付けた2頭の馬連オッズが30倍だった時、僕はそれを見てまず「30倍か、結構つくな」と注目します。そこからこの2頭が1・2フィニッシュする可能性がどれだけあるのかを予想します。データを見ていくうちに、「この2頭はそこまで勝率が高くないから、どちらかが3着になることも考えられる」となり、ワイドのオッズを調べる。ワイドは馬連より当たる組み合わせが増えるので、そこで10倍以上のオッズが付いていたら買います。でも逆に、10倍以下なら買いません。

いろいろなレースの予想をしていると、ワイドのオッズだけグググッと伸びている組み合わせがたまにあります。馬連はかなり売れているのに、ワイドはそれほどでもない。もしそういう組み合わせを見つけたら、馬連の予想によっぽどの確信がない限り、ワイドへ切り換えるのも、もちろんありです。僕がワイドを買う目安は10倍以上といいましたが、馬連オッズが10倍で、ワイドのオッズが5倍程度でも切り換える価値はあるでしょう。

やっぱり馬券は外れるより当たったほうが嬉しいですからね。それはもちろん穴党である僕も同じです。

ここまで書いてきたのは、基本的に中央競馬のレースを予想する際の券種選択ですが、これが地方競馬になると少しだけ事情が違ってきます。

中央競馬に比べて地方競馬は、出走頭数が7頭立て以下の少頭数レースも多いので、複勝を買う頻度はやや少なくなります。そういうレースでは単勝が狙いやすい。

ただし、地方競馬は10頭立て前後のレースも多く、こういったレースは逆に複勝を狙いやすい面もあります。さらに、出走頭数が少ないことで、当然ながら単勝や3連単、馬単の馬券も狙いやすくなります。

出走頭数が少ないと、馬も本来の力を出し切れるのでレース予想が立てやすい。その分、穴馬券が出にくいという現実もありますが、そこは勝率を上げてカバーします。

僕の場合は出走頭数が少ないレースほど、強気になって高額を賭けてしまいます。だから地方競馬に行く時は皆さんも出費には注意してください。僕は今まで何度も痛い目に遭ってますから……。

第四章

穴馬券予想術②（着順予想）

穴馬券予想の真髄は「負け方」の分析にあり

僕の馬券予想はいたって普通のスタイルです。競馬新聞を買ってきて、掲載されている出走表とひたすらにらめっこ。馬柱のデータを細かく見ながら着順を予想していきます。この予想をしている時間は、僕にとっては美味《おい》しいものを食べている時より幸せなのです。

ただし、僕は穴馬券を予想するため、普通とは少しデータの見方が違うかもしれません。穴馬券を予想する際に、ポイントは2つあります。

まず1つ目は、「どれだけ有力馬を消せるか」。特に複勝や単勝の穴馬券を狙う場合は、上位人気の有力馬が勝てない理由を見つけて消す作業が不可欠となります。

そして2つ目が、「人気薄馬の過去の負け方を分析する」。競馬ではコース条件やレース展開によって、その実力を発揮できずに負けてしまう競走馬がたくさんいます。だからこそ各馬の負け方を分析する作業が重要となります。

馬柱を見てレースに出走する各馬のデータを読み解きながら、負けたレースの着差や敗因を分析。過去の着順を見るだけではわからない各馬の適正な実力レベルを見極め、さらに勝てる条件を洗い出していきます。

まず適正な実力レベルを見極めることで、その馬がほかの出走馬に勝てる力を持っているかが判断できます。さらに、勝てる条件を分析することによって、出走するレースでその力を発揮できるかが予測できるというわけです。

穴党の競馬ファンであれば、だいたい僕と同じような分析をしているでしょう。ただ、有力馬を消す基準や、人気薄馬が勝てる条件の見極めに個人差が出てくるのかなと思います。

今まで当てた大穴馬券も、すべてこういった手順で予想してきました。当てたレースも外れたレースも、自分の中ではすべて根拠をもって予想しているので、ほかの人の予想と全然違っていても気になりません。逆にそのほうが当たった時に気持ちいいですからね。

それでは僕が具体的にどういったデータを重視して、どのような分析をしているかについて詳しく解説させていただきます。

レース条件で異なる予想のポイント

各レースの出走表において、最初に見るのはそのレースの「クラス」です。これはもうレース名とセットみたいなものですね。

すべての競走馬は、馬の年齢と収得賞金の額によってクラスが階級別に分けられています。レースも同様にクラス別（＝条件）となっていて、基本的にはレースに勝つと上のクラスへ昇級するシステムとなっています。

競走馬は、まず2歳または3歳で「新馬戦」に出走。新馬戦で勝てばひとつ上のクラスである「500万円以下」に進み、勝てなかった馬は「未勝利戦」に回ります。しかし、未勝利戦で勝てば、その馬も「500万円以下」に上がることができます。

その後もレースで勝つごとに、「500万円以下」→「1000万円以下」→「1600万円以下」と昇級。勝てない馬は次戦も同じクラスのレースを走ります。

「1600万円以下」で勝つと、今度は「オープン」に昇級。オープンクラスも下から「オープン特別」→「グレードⅢ（GⅢ）」→「グレードⅡ（GⅡ）」→競馬界の最高峰である「グレードⅠ（GⅠ）」と階級が分かれています。

また、重賞レース（GⅠ、GⅡ、GⅢ）に関しては、レースで2着になっても収得賞金が加算されて昇級できるケースもあります。

各クラスの中でも予想が特に難しいレースは、なんといっても「新馬戦」です。デビュー前なので過去の戦績はゼロ。予想するためのデータが少ないんです。

新馬戦の予想に使われるデータは、だいたい各馬の血統や所属厩舎、調教タイムなど。しかし、僕は血統をほとんど気にしません。なぜなら名馬の血を継いでいなくても強い馬はたくさんいます。逆に名馬の子でも勝てない馬もいます。僕が馬を見る時は、その馬しか見ないので、父親も母親も関係ないんです。もちろん好きだった馬の子どもが出てきたら感傷的な気持ちにはなりますけどね。

僕が新馬戦の予想で重視するのは調教タイム。まずは単純にスピードや走力で各馬を比較します。データが少ないだけに、調教でしっかり反応している馬はやはり気になります。

そして次に騎手を見ます。新馬戦に相性の良い騎手っているんですよ。たとえば和田竜二騎手はレース経験のない新馬を気持ち良く走らせて、馬の力をしっかり引き出してくれます。馬込みの前に馬を持ち出すのがうまい江田照男騎手もよく買いますね。最近は人気薄馬でもいいレースをする田辺裕信騎手も信頼しています。とりあえず新馬戦での勝率が高い騎手は要チェックです。

あとは枠順です。新馬戦にも16頭立てや18頭立てといった多頭数レースがあるので、そういうレースで外枠に入ると、やはり不利になります。ほかにもパドックでテンションの高い馬は、スタートで失敗することもある。

でも実は、新馬戦は走ってみないとわからないことが多い分、調教タイムの速い人気馬がスタートで失敗したりして、穴馬券が出るレースもけっこうあります。

このように新馬戦は予想の難しいレースなので、競馬ファンでも新馬戦は買わないという人もたくさんいますが、僕は新馬戦が大好きです。穴馬券が出やすいということもあるのですが、なんといっても新しい競走馬たちとの出会いがありますからね。「この馬はこんな走りをするんだ」とか、「あの馬はすごい馬になりそうだな」とか、とにかく新たな発見の連続。だから自分の予想が外れたとしても、楽しめてしまうんです。

穴馬券の話でいえば、新馬戦より「未勝利戦」はさらに狙い目ですね。それも2歳馬の未勝利戦。

2歳馬の未勝利戦は新馬戦で勝てなかったいわば〝その他大勢〟が集まっているレース。新馬戦で惜しくも2着だった馬も、ビリだった馬もいて、ほかのクラスのレースより馬の実力に差があるんです。実力があっても新馬戦ではスタートに失敗して負けたという馬もいれば、このまま一度も勝てずに引退していく馬もいるわけですから。

そこで勝った馬は昇級していくので、言葉は悪いですが、負け残りが集まっている3歳の未勝利戦は逆に予想が難しい。だけど、2歳馬の未勝利戦は面白いですよ。探せば必ず実力と戦績が比例していない馬がいる。さらに、この歳頃は短期間で馬が急成長し、前走とは別の馬のような快走を見せることもあります。

だから新馬戦や前走の負け方を分析し、調教タイムを見比べながら、戦績0勝の実力馬を探すわけです。これがまた楽しいんです。GⅠホースであっても、新馬戦では勝てなかった馬はたくさんいますからね。

さらに未勝利戦は、目を付けた馬のオッズを見ると、けっこうおいしかったりする。未勝利馬しかいないのでオッズが割れやすいし、人気馬がいたとしても、言ってしまえば0勝馬ですから、重賞レースとかの人気馬に比べたら全然怖くない。

重賞レースだけ馬券を買っているという人も多いかと思いますが、未来のスターホースと出会える新馬戦や未勝利戦にもぜひ注目してほしいです。

ハンデ戦予想の醍醐味

各レースの条件を見るうえで、もうひとつチェックするのが斤量です。

斤量とは馬が負担する重量のこと。具体的にいうと、「騎手の体重」+「鞍《くら》などの馬具の重さ」を合計した重量になります。

レースに出走するすべての競走馬はあらかじめ斤量が決められます。騎手がレース後に検量室で体重を計るのも、斤量違反がないかチェックするためです。この斤量の重さは、同じ馬でも各レースの条件によって増減します。

競馬のレースは大きく分けて「定量戦」「別定戦」「ハンデ戦」の3種類。それぞれ斤量の規定が異なっています。

「定量戦」は、出走するすべての競走馬を同じ斤量にして戦わせるレース。各馬が同じ重さを負担するので予想が立てやすいレースといえます。ただし、定量戦でも牡馬と牝馬は体力差が考慮され、牝馬は斤量が1〜2kg程度軽減されます。

「別定戦」は馬の性別、年齢、獲得賞金額、勝利レースのグレードなどによって規定の重量が各馬の斤量に加算されるレース。

「ハンデ戦」は、JRAの3人のハンデキャッパーが各馬の能力を見て差を付けた斤量を設定し、出走する馬すべてに勝つ可能性を与えるレースとなります。斤量の下限は48kg、上限は60kg前後で、強い馬ほど重い斤量が設定されます。

この中でもハンデ戦は、各馬の斤量差が大きくなるので予想が難しい。ただし、下位人気の馬でも勝つチャンスが十分あるレースなので、穴馬券が狙いやすいレースともいえます。

僕はハンデ戦も通常のレースと同じように、各馬の持ちタイムと斤量を照らし合わせて予想するので、斤量はかなり重視します。タイム差と斤量差の比較ですね。ハンデ戦の予想には、僕から見ていくつかのポイントがあります。

ハンデ戦でよくあるのが、ハンデキャッパーさんの設定したハンデが、僕が考える馬の実力差と一致していないこと。ここにズレがあるとチャンスです。出走表を見て、「この馬にこのハンデはきついだろう」と感じたら消しやすくなるし、「この馬は意外に斤量が軽いな」と感じたらそこが狙い目。ハンデ戦の出走表にはそういったハンデキャッパーさんと自分の〝評価の違い〟を見つける面白さがあります。

そして、ハンデ戦はオッズをよく見ること。ハンデの大きさがオッズに反映されていないケースがけっこうあるんです。傾向として、強い馬は斤量が重くなってもなかなか消せない人が多い。僕から見て、「この馬は重いハンデがあるのに斤量57kgの時と同じ評価だな」とか、反対に「この馬は斤量52kgで有利なのに全然人気ないじゃん」っていうのもありますね。ハンデ戦のオッズには、オイシイ穴馬券がよく隠れているので、そこも注目ポイントです。

あとハンデ戦では、軽い斤量の逃げ馬が最後まで逃げ切るレースも多い。距離適性のある逃げ馬が軽いハンデで出走する場合は買いたくなります。

もうひとつ、ハンデ戦の大きな魅力は、実力が劣っている馬でも勝つチャンスがあるというところ。脇役好きの僕なんかは、普段なかなか勝てない馬が1着でゴールする光景を見ると幸せな気持ちになります。まぁそういう時に限って予想から外していたりして、「だったら買っとけよ！」って自分自身にツッコんでますけどね。

多頭数レースは展開をより細かく読む

レース条件の次に見るのは、出走頭数です。前述しましたが、多頭数レースか少頭数レースかで、予想はかなり違ってくるので、各馬のデータを見る前にチェックします。どちらのレースにもそれぞれ違った面白さがあります。

中央競馬はフルゲート18頭立てというレースも多く、予想するのが大変。逆に地方競馬の浦和競馬場なんかは敷地が狭く、フルゲートでも12頭なので予想しやすい。地方競馬にはフルゲート10頭という競馬場もあります。

多頭数レースの予想が難しい理由は、やはり馬がひしめき合って馬込みになりやすいところにあります。そうなると馬群が壁になって前に行けなかったり、馬込みにストレスを感じて集中力が途切れたりして、馬が本来の力を発揮できなくなる。レース展開も各馬が牽制《けんせい》し合って思わぬスローペースになったり、逆にハイペースになったり、ちょっとしたことでレース展開が予想とズレてしまいます。

そういった不確定要素が多いだけに、実力のある有力馬が不完全燃焼に終わることも多々あり、穴馬券が狙いやすいレースでもあるんですけど。

レース展開まで細かく予想しないと当たらないのが多頭数レースの醍醐味《だいごみ》。それだけに予想のしがいや、当たった時の喜びはひとしおです。

それに対して、少頭数レースの醍醐味は、やはり確率的に当てやすいところ。馬込みなどの不確定要素もそこまで気にしなくていい。自分の予想に対して「これだ！」と確信してしまうことも多く、ついつい大勝負をしてしまいます。

出走馬の過去の戦績をチェックする際も、着順や着差だけでなく、必ず何頭立てのレースで走ったのかを気にして見ています。その馬がスムーズな競馬ができて、本来の力をしっかり出し切ることができたのか。そこを見抜くことが穴馬券予想の重要なポイントだからです。たとえば前走4着というデータも、その4着が力を出し切っての4着なのか、不完全燃焼の4着なのかで、まったく評価が変わってきます。

どの馬も多頭数レースで負けた戦績は、そのまま着順どおりに受け取らないこと。その敗因を読み解くことで、その馬の本当の実力が見えてきます。

血統もパドックも気にしない

ここからは各馬のデータ分析に入ります。馬柱のデータでまず血統を見る人も多いと思いますが、新馬戦のところでも書いたとおり、僕は馬の血統を一切気にしません。ディープインパクト産駒の馬でも関係なし。

もちろんディープ産駒はジェンティルドンナやマカヒキなど多くのGIホースを送り出していますが、馬の実力はその馬を見ないとわからない。レースを走るのは親でも兄弟でもなく、その馬ですから。

血統で距離適性を見る人もいますが、それも僕は信じません。たとえばディープ産駒は最後の直線で伸びる差し足があるとか、マイル～中距離向きなどといわれていますが、今年（2016年）、3000メートルの長距離レースである『菊花賞』（GI）

では、ディープ産駒のサトノダイヤモンドが勝ちました。ディープ産駒にも長距離適性のある馬がいるということ。このように同じ産駒の競走馬でも、馬によって実力や適性はやはり全然違うのではないでしょうか。

僕の中には、「血統を超えた走りが見たい」という願望もあります。オグリキャップにあれだけ多くの人が感動したのも、地方競馬出身の無名馬が中央競馬のエリートホースを打ち破る姿に夢を見たからこそ。常に良血馬しか勝てないのであれば、夢がないですものね。

さらに、僕がほとんど参考にしないのがパドックです。騎手や調教師の方ならまだしも、素人の僕が馬体を見たところで何もわからない。せいぜい言えることは、どの馬も速そうだなって（笑）。さすがに興奮している馬などは僕でもわかりますけど、それぐらいでしょうか。

だからパドックで、「この馬は筋肉の張りがいい」とか「毛づやがいい」とか、「今日はオーラがある」なんて言ってる人は、ホントにわかってるのかなって思ってしまう。正直なところ、いつも半信半疑で聞いています。

ただ、パドックで馬を見ているのは好きなんです。学生時代は馬券も買えなかったので、それこそ何時間もパドックで馬を見ていました。

騎手が馬に乗った時に笑顔で馬体をさすったり、語りかけている姿を見るのが好きなんです。馬に対する騎手の愛情が感じられて、パドックに行ってもそんなところばかり見てしまいます。

もうひとつ、記者さんには大変申し訳ないのですが、競馬新聞で本命の「◎」が付いていているとか無印といった予想もほとんど気にしません。僕は東スポを買っているので、虎石記者の予想にはいつも目を通してますけど、参考にするのは調教や追い切りのレポートぐらい。

逆に競馬新聞で無印だった馬に賭けて的中した時は最高に気持ちいい。記者さんからすれば、たまに当たっていい気になるなって言いたいでしょうけどね。

競馬は自分のお金を賭けるわけですから、自分で分析して導き出した予想で勝負したいという思いが、やっぱり僕の中では強いのだと思います。

持ちタイムと着差で馬の実力を評価

各馬の分析はまず出走馬の力量を把握するところから。各馬の実力を見るうえで欠かせないデータとなるのが「持ちタイム」（持ち時計ともいう）です。

持ちタイムとは、出走するレースと同じ距離のレースで、その馬がこれまでに記録した最も速いタイムのこと。馬柱には距離別の持ちタイムが掲載されています。実際は距離以外にも、走ったコースや馬場状態、枠順、斤量なども考慮してタイムを評価しますが、単純に持ちタイムを比べるだけでも、ある程度は各馬の実力を見定める目安となります。

持ちタイムが速いということは、その馬がレースに勝てる実力を備えているということ。まずは持ちタイムで各馬の力関係を自分の中で整理します。これは僕に限らず馬券予想の基本だと思います。

たまに持ちタイムは速いのに全然勝てていない馬がいます。そういう馬は最速タイムを出したレースと、負けたレースの条件や展開を見比べて分析します。そうすると、その馬はある条件がハマった時にだけ速いことがわかってくる。

持ちタイムとはあくまでも最速タイムであって、平均タイムではありません。そういった各馬の得意な条件、苦手な条件を見極める材料としても、持ちタイムのデータというのは貴重なんです。

もうひとつ、馬の力量を測るのが「調教タイム」です。調教タイムが速ければ、その馬は調子がいいと判断できます。当然ながら強豪馬は持ちタイムや調教タイムも速いので本命から外せない場合が多い。しかし、複勝狙いで3着に入る馬を探す時は、まず持ちタイムや調教タイムを見て、3着以内に入る実力を備えているかを査定します。基本的な走力が足りなければ勝負にもならないですからね。

そして、僕が特に重視しているのが「着差」です。馬柱では過去の出走レースにおける1着馬からの遅れを、距離を表す専門用語で「ハナ」「アタマ」「クビ」、それ以上は「~馬身」と表示しています。

一般的に、「1馬身=0・2秒」といわれています。だから、ほんの数十センチの差で負けたハナ差や、1メートル前後の差で負けたアタマ差なんて、わずかな差なんです。それぐらいの差はいくらでも逆転できます。

たとえば、ある馬の前走や過去のレース結果をネットで調べてみると、結果は3着以下でも、1着との差は1馬身ぐらいだったりする。つまり0・2秒差ですよね。そういう馬は、ちょっとレースの条件や展開が変われば勝つチャンスが出てくる。

着順はレースを一緒に走った出走メンバーによっても左右されるので、予想するレースの有力馬と直接対決した時の着順や着差を見ることも有効です。

着順だけでなく着差にも注目すると意外な健闘ぶりが見えてくる。僕はこういう負けを、〝価値ある負け〟と呼んでいます。持ちタイムや調教タイムの割に勝てていない馬なんかは、特に着差や負け方を分析しないと見えてこない部分があります。

地方競馬は中央競馬より馬の実力差がはっきりしていて、ダートレースだということも関係していますが、着差が明確に出るレースが多い。これは予想は立てやすいですが、穴狙いは逆に難しい。

そうなると、あとは複勝で3着以内に入ると予想した馬にどれだけオッズが付くかですね。そこでオッズが低かったら、ほかの券種に切り換えるという感じです。

コース適性と枠順の有利不利を知る

第一章でも触れましたが、競馬場における平地競走のコースには、「芝コース」と「ダートコース」があります。当然、コースが芝かダートかで予想も大きく変わります。馬柱に載っている過去の戦績を見れば、各馬が芝コースとダートコースのどちらに適性があるのか、どちらでレース経験を積んできたかがだいたいわかります。

芝レースの予想で注意するのは馬場状態。たとえば1カ月間、同じ競馬場でレースが開催される場合、開幕週に整っていた馬場が、最終週にはレースのダメージでかなり荒れています。特に馬の走路となる内側が荒れるので、最終週は内枠が不利といわれます。そこは僕も気にしますね。その日の午前中のレースを見て、馬の走りに芝の荒れによる影響がどの程度あるのかを確かめたりもします。

それに対して、ダートコースは土なので芝コースより均《なら》しやすく、そこまで馬場は荒れません。良馬場であればレースに波乱が起きにくく、芝レース以上に持ちタイムの速い馬が有利といえます。

さらに、ダートコースは芝コースの内側に設営されているため、コースが狭くてコーナーも小回り。直線も短くて加速しにくいことから、レース序盤から早めに前へ飛び出す「逃げ馬」や「先行馬」が有利となります。つまり、持ちタイムの速い逃げ馬や先行馬がいれば、そのまま前残りで勝つ確率が高いといえるでしょう。

ただし、雨が降って重《おも》馬場になると状況は変わります。雨天だったりレース直前まで雨が降っていたりした場合、芝コースは足場が悪くなるのでパワーのない馬ではスピードが出せません。逃げ馬や先行馬が一般的に有利といわれます。

持ちタイムが速くても重馬場だととたんに走らなくなる馬もいるので、重馬場の適性をしっかり馬柱のデータでチェックしておく必要があります。

逆にダートコースは、雨が降るとコースの土が水分を含んで足場が固まり、追い足のある差し馬が有利になるレースも多い。たとえば、ある馬の持ちタイムが速かったとしても、そのタイムを出した時のレースが重馬場だったら、それが要因でタイムが速かった可能性もある。

重馬場のレースでは顔に泥がかかって追わなくなるという馬もいるので、やはり重馬場への適性を見ておくことが大切です。

重馬場になることとの影響は、競馬場ごとでも異なるので、芝コースだからとか、ダートコースだからとか決めつけずに、レースの行われる競馬場の特性を知っておくことも重要といえます。

中央競馬では、クラシックレース（3歳馬によって争われる5大レース。皐月賞、東京優駿〈日本ダービー〉、菊花賞、桜花賞、オークス）を筆頭に芝レースが花形となっていますが、地方競馬で行われるのは、盛岡競馬場を除けばすべてダートレース。つまりダートレースを攻略しないと地方競馬では勝てません。

中央競馬より地方競馬の競馬場のほうがややダートが深いため、よりパワーのある馬が有利となります。また、地方競馬のダートコースは中央競馬より狭いので、持ちタイムの速さだけでなく、コーナーワークのうまさも求められます。ここは騎手の腕の見せどころでもありますね。

さらに、ダートレースでは枠順も重要。理想は内枠から内柵すれすれの経済コースを通って逃げるイメージ。浦和競馬場のダート1600メートルレースなら、内枠が有利で、外枠で勝つのは、かなりの実力馬じゃないと難しい。

しかし、中央競馬のダートレースになるとまた違います。中山競馬場のダート1200メートルのレースなら僕は外枠を買います。このコースは外を走ると芝コース端を多く通れるコース取りとなるため、ダートコースでありながらスピードに乗れるんです。同様に東京競馬場のダート1600メートルのレースも外枠有利といえます。

こういった展開が読みやすいレースだけ馬券を買うようにすれば、今より勝率も上がるんでしょうけど、やっぱり我慢できずに全レースを買ってしまうんです……。

ダートレースは競馬場によって内枠・外枠の有利不利がいろいろ異なってくるので、同じレースで過去に勝った馬の枠順なんかも見ておくといいでしょう。

基本的にダートレースは、持ちタイムの差がそのままレースの順位に反映されやすい。しかし、持ちタイムの速い馬が負けた時の敗因を分析すると、馬場状態だったり枠順だったり、何らかの苦手条件が見えてくることもあります。何事もそうですが、穴馬券予想だって、そうやってあきらめない探求心が大切です。

あとはこれも競馬の奥深さなんですけど、競馬場によって右回りのレースと左回りのレースがあり、左回りが苦手な馬などもいるので、左右コースの適性も馬柱のデータで忘れずにチェックですね。

距離が長いレースほど予想は面白くなる

競馬はレースによって走る距離が異なります。距離の区分は大きく分けて、「短距離レース」「マイルレース」「中距離レース」「長距離レース」の4つ。

ちなみに僕は、3000メートル以上の長距離レースが断然好きです。1400メートル以下の短距離レースだとスタートである程度決まってしまう。それだとつまらないじゃないですか。それこそ短い距離だと時間にしても1分ちょっとでレースが終わるため、スタートから仕掛けてスピード勝負という感じにどうしてもなる。やっぱり長い距離のほうが、騎手同士の駆け引きなどがあってレース展開を楽しめます。

だから、3400メートルの『ダイヤモンドステークス』（GⅢ）や、3200メートルの『天皇賞（春）』（GⅠ）、3000メートルの『菊花賞』（GⅠ）なんかは、毎年、長距離レースならではの醍醐味があって堪《たま》らないですね。

長距離レースの予想は、まずはやはり各馬の距離適性をチェック。長距離の持ちタイムを見て、勝てる力量を持っているかを見定めます。これは中距離レースでも短距離レースでも同じ。

持ちタイムが速いのに勝てていない馬がいたら、実力以外の部分で負けている可能性もある。そこで前走の映像や過去の戦績を見ながら、「このレースではなぜタイムが悪かったんだろう?」「このレースではなぜ下位に沈んだんだろう?」といった疑問を解決していきます。そうすると馬込みに包まれて走るのをやめちゃったとか、ハイペースになってバテたなど、いろいろなことがわかってくる。

さらに、そういった敗因が今回のレースで繰り返される可能性がどの程度考えられるのか、そのあたりを読み解くのがポイントではないでしょうか。

基本的に長距離レースだと外枠に入った馬は買いづらい。外を通ると気持ちよくスムーズに走れますが、その分だけほかの馬より長い距離を走ることになります。ただし外枠で実績を残している馬は別です。そういう場合は外枠で勝ったレースの出走メンバーなどを見て、今回も外枠で勝てる馬なのかを判断したりします。

内枠に入った馬は、それまで内枠で実績を残していれば問題なし。内を通って馬込みに揉《も》まれても大丈夫かどうかは、厩舎のコメントなども参考にします。

これはどちらかというと長距離より中距離レースに当てはまりますが、僕は内枠の馬で迷ったら、最後はけっこうギャンブル的な発想になるんです。「内から経済コースを通り、コーナーを曲がって最後の直線で前が空いてくれたら勝てる」というような、少し願望も入った予想。

それが完全にハマッたレースが、7番人気だったエイシンフラッシュに賭けた2010年の『日本ダービー』（GⅠ）です。1枠スタートのエイシンフラッシュがそのまま内のコースで我慢しながら競馬を進め、最後の直線で前が空いたところを一気に抜け出して1着。単勝31・9倍に5000円賭けて、払い戻しが15万円以上になりました。

短距離レースの予想は、長距離レース以上に持ちタイムを重視します。少頭数の短距離レースならなおさらです。

やはり短距離レースは走る距離が短いので、持ちタイムの差が順位に反映されやすい。下り坂が続く小倉競馬場の芝1200メートルのレースのような、持ちタイムだけ見ていれば、そこそこ当たるというレースもありますね。

短距離レースにおける内枠と外枠については、騎手の方々に聞くと基本的に内枠のほうが有利って言いますよね。でも、外を通ってもそこまで距離で損することはないし、外枠で勝っている馬もいるので、これは各レースによって違うのかなと思います。ただ、短距離より少し長い札幌競馬場の芝1500メートルのレースなんかは、内枠からスピードに乗った馬がそのままゴールしちゃうことが多い。内から前めに出て、そのまま逃げ切るという流れなんですが、このコースは内枠と外枠の差がけっこうある気がします。これはスピードが出にくいといわれる札幌競馬場の洋芝が影響しているのか、僕にはよくわからないですけど。

逆に新潟競馬場の芝1000メートルのレースは直線コースなので、芝が荒れていない外を通れる外枠が有利といわれています。コーナーがないから距離で損することもないからです。

とにかく短距離レースでは、重要となるのがスタートです。距離が短いのでスタートで出遅れると挽回《ばんかい》するのは厳しい。だから前走や過去の戦績で各馬の負け方を見る時も、特にスタートがどうだったのかをチェックしています。

出遅れ癖がある馬というのは、同じ失敗をするケースが多いんですが、普段は問題なくスタートしていた馬が、たまたま前走だけ出遅れたという場合もあるので、そこは見極めが重要です。また前走から違う騎手に乗り替わっている時などは、騎手とその馬の相性も分析します。

とにかくスタートに多少不安のある馬に賭けた時は、いつも祈るような気持ちでスタートを見守っています。

騎手の個性が出る騎乗スタイル

競馬のレースにおいて勝敗を左右する長距離レースでの位置どりや、短距離レースでのスタートは、騎手の手腕も大きく関係します。どの馬にどの騎手が騎乗するかによって、想定するレース展開もかなり変わってきます。

岩田康誠騎手は、大井競馬のレジェンドである的場文男騎手を見て育っていますから本当にうまい。乗り方としてはダイナミックで、体全体を使って馬を動かします。

２０１４、２０１５年のリーディングジョッキーである戸崎圭太騎手は、内を通っていって、そこからスーッと外へ持ち出したり、馬を気持ちよく走らせてくれる。スタートもうまいし、地方競馬出身だけあって、前めで競馬をしてくれますね。「この馬でも１番人気になるのか！」っていうくらい、競馬ファンの評価も高い。たとえ負けても、これで負けたら仕方ないという騎乗を見せてくれます。

僕は地方競馬も好きなので、スポットライトの当たらない地方競馬で地道に頑張っていた騎手をどうしても応援したくなるのです。

地方競馬出身の騎手以外だと、やっぱり蛯名正義騎手はうまい。２０１６年も、マリアライトで『宝塚記念』（ＧＩ）を勝った時や、ディーマジェスティで『皐月賞』（ＧＩ）を勝った時みたいに、人気のない馬をポンっと大きなレースで勝たせる〝蛯名マジック〟を見せてくれました。

クリストフ・ルメール騎手も馬の力を引き出す技術がすごい。馬込みを怖がらない大胆な騎乗はさすが欧州のトップジョッキーといったところ。追い込み馬のペルーサを逃げさせて勝った2015年の『札幌日経オープン』は感動しました。

田辺裕信騎手も人気薄馬でも上位に持ってきてくれる騎手ですよね。僕は穴党なので田辺騎手にはかなりお世話になっています。

そんな中でも、人柄も含めて好きな騎手といえば柴田大知騎手ですね。障害と平地のGIを獲っている数少ない騎手の一人でもあります。予想で迷ったレースは、最後に「よしっ、大知だって！」って決めることもあります。

ほかにもまだまだ、福永祐一騎手とか武豊騎手とかミルコ・デムーロ騎手とか、すべて挙げたらキリがありません。

僕は理詰めで馬券を予想するタイプなので勘やひらめきには頼りませんが、騎手の方々にお話をうかがうと、不思議な力の存在もあるのかなと思う時があります。

以前、武豊騎手に、キズナで勝った2013年の『日本ダービー』について、「どの辺で勝てると思いましたか？」と質問したことがあります。

すると武騎手は、「レース当日、朝起きて部屋のカーテンを開けて窓の外を見た時、今日は勝つなと思った」と言っていたんです。そういうこともあるんだなって。やっぱり競馬にはロマンがありますよね。

休養明けの降級馬に注目

競走馬は、ずっと走っていると疲労が蓄積するため、放牧という形で休養を取ります。そして3カ月程度休んだ後に、レースに復帰します。このような馬を、休養明けの馬といいます。疲労が重度の馬や故障した馬などは、3カ月以上の長期間休むケースも少なくありません。

休養明けの馬はブランクがあるので、復帰レースで力を発揮できないケースが多くあります。そういったことから低く評価され、実際の実力よりも高いオッズが付く傾向にあります。こういった休養明けの馬をどのように評価するかで、穴馬券を狙うチャンスが出てくるというわけです。

基本的に僕は、馬体重が10kg以上減ったりしていなければ、休養明けでもそこまで気にしません。3カ月程度の休養なら、調教で休養前と同じようなタイムを出していれば問題ないと思っています。20kg減とかだとスタミナが不安ですけどね。

さらに、中央競馬の競走馬は、４歳になるとクラス編成が行われ、レースでの収得賞金が少ない馬は下のクラスへと降級になります。このような馬は降級馬と呼ばれ、中には休養してレースを休んでいる間に降級してしまう馬もいます。

出走表を見て、休養明けの降級馬が混じっていたら要チェック。オッズを確認して降級馬に人気がなければおいしいレースになる可能性があります。

本来、上のクラスから落ちてきた降級馬には人気が集まりますが、休養明けの場合は少し事情が異なり、やや高いオッズが付くこともけっこうあるんです。

上のクラスで勝った実績がなくても、２着や３着に何度も入っていたら、その降級馬はもう本命にしてもいい。休養明けとはいえ、やはり上のクラスにいた馬はレベルが違いますから、下のクラスの馬ではなかなか勝てません。難しいのは、同じような実績の降級馬が２頭いるレース。こういう場合は、だいたい２頭のうち人気薄の馬を頭にします。オッズにほとんど差がなければ、枠が有利な馬を選ぶ場合もありますね。

休養明けの馬には、予想外のオッズが付いていたりするので、出走表で見つけたらぜひ注目してみてください。

オッズは最後まで見極める

競馬のオッズは人気投票なので、必ずしも馬の実力と一致していません。僕からすれば「みんなどうしてこの馬を買ってないんだろう？」と思うこともよくあります（実際に当たるかは置いといて）。それに1番人気の馬が負けることだっていくらでもある。だから馬券予想は面白いのです。

僕が馬券を購入する際、最後の決め手となるのはオッズです。いつも僕は、最後の最後まで迷って、投票締め切り30秒前のブザーが鳴ってから慌てて買うような感じです。

予想で最後の最後まで迷った時、僕はオッズの高いほうに賭けます。だから最後までギリギリ粘ってオッズの動きを見ているのです。

わざわざ僕が穴馬券を狙うのは、レースの方程式を解き明かし、そのレースで「最も儲かる馬券」を的中させるため。最もおいしい馬券が僕にとっての正解なので、迷ったらオッズが高いほうを選ぶというわけです。

オッズを見ていると、必ず〝なぜか高いオッズ〟に出くわします。どの馬券を買うかは人それぞれ好き勝手に選んでいるだけなので、買う人が少ない馬券は、馬の実力や的中する可能性に関係なく、たまたま高いオッズが付いている場合もあるんです。そこがオッズの面白いところでもあります。

自分が狙い定めた穴馬券に関しては、いつも〝みんな買わないでくれ!〟と心の中で祈りながら、オッズの動きを見守っています。オッズが下がっていく時はガッカリしますけど、逆に「ほかの人もこの馬の力をわかってきたか」と偉そうに感心したりもします。

馬券を予想するのが好きすぎて、僕は今はもう枠順が発表される前から、出走馬のリストを見て予想を始めています。

まずは各馬の力量を分析し、レース展開をイメージ。枠順が発表され、最初のオッズが出た時、「この馬が1番人気なの?」とか、「よしよし。狙いどおりこの馬は人気がないな」などと、自分の想定していたオッズと照らし合わせて楽しんでいます。レースが始まる前から勝手に一喜一憂できる、こんな楽しいことはほかにないですね。

競馬は前日から楽しめる娯楽

今はもう各レースの出走表を見るだけで、各馬がどんな馬で、どんなレースをしてきたのか、ある程度わかるようになりました。「この馬はスタートで失敗していたな」とか、「馬込みで不利を受けていたな」とか。そういった過去データが蓄積されるほど、予想もどんどん楽しくなっていきます。こういう楽しみ方って競馬ならではですよね。たとえば野球の試合で、「明日この投手が先発だから、1回にはこういう投球をして……」などと、試合前日から試合展開までを予想して楽しんでいる人って、たぶん少ないと思うんです。

さらに僕は、レース後も一人反省会をします。予想が外れた原因を自分なりに分析するわけです。そうすると見落としていたデータや、過小評価していた実績なんかが見えてくる。「なんだよ、このレースも予想できたじゃん！」って。でも、これがまた楽しいんです。レースの前も後も楽しめるなんて、本当に競馬はすごいですよね。

第五章

思い出の的中レース

この章では、僕が穴馬券を的中させたレースにおいて、実際にどのような予想過程を経てその結果に辿《たど》り着いたのかを、いくつかの事例を通して紹介させていただきます。僕の予想が穴馬券に辿り着くまでの過程をお楽しみいただければ幸いです。

第26回『マイルチャンピオンシップ』(GⅠ) 2009年

(京都競馬場/芝・右回り1600m/良馬場)/定量戦

枠	馬番	馬名	性齢	斤量	騎手	人気
1	1	エヴァズリクエスト	牝4	55	A・ムンロ	10
	2	トレノジュビリー	牡6	57	A・スボリッチ	18
2	3	マルカシェンク	牡6	57	柴山雄一	8
	4	カンパニー	牡8	57	横山典弘	1
3	5	スマイルジャック	牡4	57	三浦皇成	4
	6	ファイングレイン	牡6	57	幸英明	16

4	7	アブソリュート	牡5	57	田中勝春	6
	8	フィフスペトル	牡3	56	C・ルメール	12
5	9	キャプテントゥーレ	牡4	57	川田将雅	3
	10	スズカコーズウェイ	牡5	57	後藤浩輝	9
6	11	ザレマ	牝5	55	内田博幸	5
	12	ヒカルオオゾラ	牡5	57	C・スミヨン	7
7	13	マイネルファルケ	牡4	57	和田竜二	14
	14	ストロングガルーダ	牡3	56	福永祐一	11
	15	サプレザ	牝4	55	O・ペリエ	2
8	16	サンカルロ	牡3	56	吉田豊	15
	17	ライブコンサート	せん5	57	岩田康誠	13
	18	サンダルフォン	牡6	57	四位洋文	17

■着順………1着「④番／カンパニー」、2着「⑬番・マイネルファルケ」、

3着「⑮番／サプレザ」

■的中……馬単④→⑬／9640円 ※馬単を8000円購入

■払い戻し…77万1200円

※単勝14番人気だったマイネルファルケの2着を読み切り馬単の穴馬券を的中

このレースは、カンパニーとマイネルファルケの馬単が的中したレースです。万馬券にはあと一歩届かなかったんですが、払い戻しは80万円近くまでいきました。カンパニーは1番人気だったんですが、僕の中でもこれは外せませんでした。どう分析しても鉄板なので、こうなったらカンパニーを軸にして馬連で勝負だと。

カンパニーは前々走の『毎日王冠』（GⅡ）でウオッカに勝った時から馬券を買っていたんです。その前の休養明けから化けるぞと思っていたら、見事にはまりました。その勢いで次の『天皇賞（秋）』（GⅠ）も勝ちましたけど、僕が「カンパニー来ますよ！」って言いふらしていたので、この時の天皇賞はけっこうな数の芸人さんが馬券を取ったと思いますよ。

この時のカンパニーは8歳。8歳で初めてGIに勝つってすごくないですか？　僕はいつも高齢の馬を応援したくなるんですけど、当時のカンパニーには年齢を感じさせない強さがありました。

コースは京都競馬場の外回り。そして、カンパニーの枠順は内枠。これでだいたいレース展開はイメージできました。

京都の外回りは直線で必ず内側が何頭分か空くので、後方にいる馬でも内を突けば空いたところを一気に出られるだろうと。カンパニーは後方からの競馬もありますが、中団やや前めで競馬することもあったので、経済コースを通れば十分勝てる。

不安要素があるとすれば、1600メートルという距離だけでした。ただ、1800メートルの『毎日王冠』や、2000メートルの『天皇賞（秋）』を見た感じでは、スピードも負けていないし、マイルレースでも問題ないはず。

それにレース時は小雨が降っていたんです。直前の発表だと良馬場となっていましたけど、けっこう重くなっていたと思います。それでも前走、前々走と同じ横山典弘騎手だったので大丈夫。かなり内側の枠でしたが、いい位置取りで馬を動かしてくれるはず。もうそこは騎手への信頼感ですね。これで頭は決まり。

問題は2着の予想です。2着に関しては、正直言って全然わかりませんでした。いろいろデータを見たのですが、はっきりしているのはカンパニーが1頭抜けているということだけ。ならばある程度そこに付いていって前めで戦える穴馬を狙っていこうという考えに至ったんです。

関西馬に対して劣勢が続いていた関東馬ではあったのですが、マイネルファルケは以前からけっこう買っていたので、この馬のデータは多少頭に入っていました。

僕がこの馬に目を付けた理由は、過去の戦績から見て、中団から前に行けること。そして、1600メートルのスペシャリストで、4-2-2-1（1600メートルレースでの着順が1着4回、2着2回、3着2回、4着1回）という距離適性。

マイルレースでは、それまで9回走って8回3着以内という実績があったんです。でも、2走前まで1600万円以下条件を走っていた馬だったので、人気が低かったのも自分にとっては追い風でした。

マイネルファルケはこれだけマイルで実績を残しているのに、予想よりかなり高いオッズが付いていたため、嬉しいを通り越してむしろ不安になりました。何か自分だけがマイナスデータを見落としているんじゃないかって……。

でも穴馬券を取るためには、こういう時にブレないことが大事。オッズが想像以上に高くても、自分の予想に自信を持っていればいいんです。

複勝の線も少しは探りましたが、このレースで狙おうとは思いませんでした。ガチガチの本命がいるレースでは、複勝で3着以内に入る馬を探すより、本命の次に来る2着馬を見つけるほうが、選択肢が狭まって予想しやすかったりするんです。

最後まで悩んだのは、馬連にするか馬単にするかでした。最終的なオッズは馬連と馬単で30倍近く開きがあったので、最後に馬連から馬単に切り換えました。

結局、カンパニーも1番人気ながら単勝で2・3倍が付くなど、8歳馬ということでファンが疑心暗鬼になっていた。それが馬連や馬単のオッズをさらに引き上げた。

実際のレースはほぼイメージどおりの展開。カンパニーも早い段階で中団よりやや前めの位置取りをしていたので、安心して見ていられました。そこまで穴狙いをしたつもりはないのに、馬単で96・4倍と、しっかり勝たせてもらいました。

第77回『東京優駿（日本ダービー）』（GⅠ）　2010年

（東京競馬場／芝・左回り2400m／良馬場）／定量戦

枠	馬番	馬名	性齢	斤量	騎手	人気
1	1	エイシンフラッシュ	牡3	57	内田博幸	7
	2	レーヴドリアン	牡3	57	藤岡佑介	9
2	3	ルーラーシップ	牡3	57	四位洋文	4
	4	サンディエゴシチー	牡3	57	浜中俊	15
3	5	コスモファントム	牡3	57	松岡正海	11
	6	アリゼオ	牡3	57	C・ウィリアムズ	6
4	7	ヴィクトワールピサ	牡3	57	岩田康誠	1
	8	ローズキングダム	牡3	57	後藤浩輝	5
5	9	ペルーサ	牡3	57	横山典弘	2
	10	トーセンアレス	牡3	57	江田照男	17

6	11	ハンソデバンド	牡3	57	蛯名正義	13
	12	ヒルノダムール	牡3	57	藤田伸二	3
7	13	ゲシュタルト	牡3	57	池添謙一	12
	14	リルダヴァル	牡3	57	福永祐一	8
	15	メイショウウズシオ	牡3	57	飯田祐史	14
8	16	シャイン	牡3	57	和田竜二	16
	17	トゥザグローリー	牡3	57	戸崎圭太	10
	18	ダノンシャンティ	牡3	57	安藤勝己	出走取消

■着順……1着「①番／エイシンフラッシュ」、2着「⑧番・ローズキングダム」、
3着「⑦番／ヴィクトワールピサ」
■的中……単勝①／3190円 ※単勝を5000円購入
■払い戻し……15万9500円

※7番人気だったエイシンフラッシュの単勝を1点予想して穴馬券を的中

エイシンフラッシュの単勝を当てた2010年の『日本ダービー』(GⅠ)。これは競馬人生の中でも会心のレースです。今思い出してもテンションが上がります。単勝31・9倍。これもオッズ付きすぎです。なぜなら、あの時のエイシンフラッシュは、この年の『皐月賞』(GⅠ)3着馬だったんです。

これは常々思っていることなんですが、『皐月賞』で人気薄ながら馬券に絡んだ馬が『日本ダービー』の舞台に立つと、「お前は主役じゃないよ」とばかりに、いつもちょっと舐《な》められてしまう。『皐月賞』の実績がなかったかのようにオッズも高く付いていましたが、いやいや、そうじゃないでしょと。

だから、エイシンフラッシュで行くことは早くから決めていました。穴狙いの結論が早々に出るのは僕からすると珍しいんですが、これには自信がありました。

決め手はやはり『皐月賞』での走り。その前にも2連勝してましたからね。ところが全然人気がない。これには本当にビックリしました。

『皐月賞』ではヴィクトワールピサが勝ちました。しかし、エイシンフラッシュとの着差はタイムでいうとわずか0・2秒差。確かにダービー前ヴィクトワールピサは5

連勝中で敵なしの状態でしたが、僕に言わせるとそこまで強い勝ち方はしていない。いつも僅差で勝っていたところが引っかかっていた。これぐらいなら展開次第では十分に逆転できる差だと感じたんです。

ペルーサも当時まだ無敗で4連勝中だったんですが、『青葉賞』(GⅡ)で勝ち、そのままダービーで連勝するっていう馬はもう何年も出ていないし、勝ち方を見てもさすがに1着はない。だから消せる。

『皐月賞』で2着だったヒルノダムールは、2カ月前の『若葉ステークス』(オープン)でペルーサに力負けしている。ペルーサを消したんだからこれも消せるなと。これでもう有力馬がいなくなった。

あと、ダービーは2400メートルなので、長距離適性のある馬も要注意だったんですが、長距離レース未経験の馬が多くて怖くなかった。その点、エイシンフラッシュは、2000メートルのレースで3勝していて、レースを見る限り2400メートルも問題なく走れる。距離の不安はなかったですね。

そして、なんといってもエイシンフラッシュが内枠に入ったのが大きい。騎乗する内田博幸騎手は地方競馬出身なので、コーナーワークに長《た》けていて、馬込みも問題にしない。

だから内で我慢して経済コースを通れば、あとは最後の直線で前が空くかどうかだけ。僕が今まで見てきた感じだと、ダービーでは最後の直線で馬群が広がり、内側から前がパッと1~2頭分空くんですよ。そこがもし空かなかったら負け。これはもう賭けでした。

さらに、オッズを見てみると、エイシンフラッシュの単勝が30倍ぐらいになっている。これはいくらなんでも舐めすぎでしょう。あまりにも評価が低すぎる。だったら僕が思い切って勝負してやろうって。

大井競馬時代から見ていたので内田騎手にも思い入れがあり、ダービージョッキーになってもらいたかったし、こうなるともうほかの馬券は考えられませんでした。

実際のレースはもう完璧のひとこと。内田騎手もさすがの騎乗。直線で前が空いた瞬間に勝ちを確信しました。レース展開から結果まで、何ひとつ狂うことなく予想どおりになりました。

人気薄でも勝つべくして勝つ馬がいる。それをどれだけ見つけられるのかが穴馬券予想なのです。まぁいつもこんなにうまくいったら、苦労しませんが……。

ただひとつだけ残念だったのが、このレースに5000円しか賭けられなかったこと。これは予想に自信がなかったからではありません。

レース当日、僕は仕事がオフだったので朝から競馬好きの友人と東京競馬場に行っていました。ありがたいことに、ちょうどその頃は『爆笑レッドカーペット』（フジテレビ系）や『エンタの神様』（日本テレビ系）に出させてもらえるようになり、少し余裕が出てきていたので、けっこうな金額を持っていったはずです。

でも、いざダービーの馬券を買おうとしたら、財布に5000円しかない。このレースがお目当てで来たのにその前のレースでほぼ使い切ってしまっていたんです……。

我ながら本当に情けなかった。

それでも単勝31・9倍が的中して、払い戻しも15万円以上に。ホントだったら、もう3〜4倍は儲かっていたはずなのに！　と考えると嬉しさ半分、悔しさ半分でした。

『立夏ステークス』（1600万下）　2013年

（東京競馬場／ダート・左回り1400m／稍重）／ハンデ戦

枠	馬番	馬名	性齢	斤量	騎手	人気
1	1	ナリタスーパーワン	牡4	55	福永祐一	4
	2	カネトシイナーシャ	牡5	55	松山弘平	8
2	3	サミットストーン	牡5	55	田辺裕信	9
	4	エチゴイチエ	牡5	56	川須栄彦	6
3	5	ヴィンテージイヤー	牡4	55	田中勝春	3
	6	タイセイファントム	牡5	56	C・ウィリアムズ	2
4	7	スズカセクレターボ	牡5	55	戸崎圭太	5
	8	ダイバクフ	牡8	51	大下智	15
5	9	エーシンハダル	牡6	56	川田将雅	14
	10	ルグランヴォヤージ	牡6	55	C・デムーロ	7

6	11	クールバニヤン	牡9	52	的場勇人	16
	12	キョウワダッフィー	牡5	56	岩田康誠	1
7	13	ダンシングマオ	牝6	53	北村宏司	12
	14	タイキソレイユ	牝4	52	池添謙一	10
8	15	サトノジョリー	牝4	53	吉田豊	13
	16	キクノストーム	牡4	54	三浦皇成	11

■着順………1着「⑦番／スズカセクレターボ」、2着「⑬番／ダンシングマオ」、3着「⑫番／キョウワダッフィー」

■的中………複勝⑬／1270円 ※複勝を10万円購入

■払い戻し…127万円

※単勝12番人気だったダンシングマオの複勝を1点予想して穴馬券を的中

※斤量の最軽量は8歳の牡馬ダイバクフの51kg。最重量はエチゴイチエ、タイセイフアントム、エーシンハダル、キョウワダッフィーの56kg。ダンシングマオは53kg

このレースは、『うまズキッ！』の企画「目指せ100万円！ジャンポケ斉藤　炎の自腹1点勝負」の一発目でした。

これは自腹で馬券を買って100万円にしないといけないというドッキリ企画だったんです。企画を知らされた時は焦りましたが、そこからはもう真剣です。やらせなしで本当に100万円取りました。自分が馬券を当てて興奮している姿を初めて見ました。

まず『立夏ステークス』（1600万下）の特徴は、馬によって斤量が異なるハンデ戦です。ハンデ戦はどの馬にも勝つチャンスがあるので、予想は本当に難しいんです。

僕がダンシングマオに目を付けたのは、実は馬よりも騎乗する北村宏司騎手に注目したからです。馬と騎手の相性を調べてみたら、北村騎手だけがこの馬にそれまで14回も騎乗していたんですよ。

ほかの騎手を見てみると、今まで乗っていた騎手から乗り替わりもけっこうあって、9人の騎手が初騎乗だった。つまり初めて実戦でその馬に乗るというわけです。たまにこういうレースがあるんです。

騎手に注目したのは、各馬の持ちタイムや調教タイムを見た時、そこまで実力的に抜けている馬がいなかったためです。やはり馬だけで予想が立てられない時は、騎手や馬との相性をチェックします。

ただ、出走馬の中にスズカセクレターボという昇級馬がいて人気になっていました。この昇級馬が上のクラスでどれぐらい走れるのか。斤量も55kgで優位性はなかったし、そこがやや未知数でした。結局この馬が1着になるのですが、こっちは100万円を目指しているわけですから、オッズが低い人気馬は消去です。

そこで、この1600万円以下条件のクラスでずっと走っていて、1400メートルの短距離を食らいつくように走れる馬がいないか探していた時に、ふと出てきたのがダンシングマオだったのです。まぁ、前走の『春風ステークス』（1600万下）の着順を見ると11着に沈んでいて、普通なら絶対に買わないいんですけど。

ではなぜ僕がこの馬を切らなかったかというと、前々走〜5走前の負けたレースでの着差が小さかったんです。もちろん短い距離だからそこまで着差が出にくいということもありますが、そこにこの馬の可能性を見ました。

前々走の『ブラッドストーンステークス』（1600万下）では0・5秒差の5着、3走前の『銀蹄ステークス』（1600万下）ではちょっと離されましたけど、これから走る『立夏ステークス』と同じコースで0・8秒差の6着。フルゲート16頭立てのレースで、いわゆる前のほうの着順には入っている。

さらに、4走前の『神無月ステークス』（1600万下）では6着ながら着差は0・2秒。ここですね、まず僕が目を付けたのは。粘り強く上位馬に付いていって、1着とわずか0・2秒差で走る力はあるんだなと。

0・2秒差で走った『神無月ステークス』が1400メートルだったので、惨敗した前走の1200メートルより距離も向いているのかなと。それと、戦績を見て左回りの適性も感じました。

さらに、もうひとつ決め手になったのは、ダンシングマオの斤量が53kgだったこと。ハンデ戦はやっぱりここが肝になってくる部分なのです。

人気上位の有力馬はだいたい55～56kg。そういった部分を考えると、マイナス2kgで、騎乗も乗り慣れている北村騎手。外枠で後方からの競馬にはなるだろうけど、被《かぶ》されずに粘り強い競馬ができる馬で、直線が長い東京競馬場。差し脚も使えるし、これはもう条件が揃《そろ》ったな！　と。

前走の結果だけではやはり馬の本当の力が見えてこない。過去の戦績を粘り強く分析したからこそ、この馬の適性が少しずつ見えてきました。

また、ダンシングマオは牝馬で6歳なので、こういう馬は人気になりにくいのです。そういった部分からも、最後はもうこの馬で狙うしかないという感じでした。

オッズ的にはもうとんでもなくおいしかったです。単勝で12番人気。僕は複勝で買って12・7倍。レースを見ている間はドキドキでしたね。外れたら番組も盛り上がらないし、時間が許す限りデータを分析しました。

実際のレースは、ダンシングマオが最後の直線で伸びてくれて見事に2着。10万円賭けていたので払い戻しは127万円。番組の見せ場が作れてホッとしました。

探せばいるもんですね、こういう馬が。このレースからは、あきらめずにデータ分析することの大切さを改めて教えられました。

第48回『スプリンターズステークス』（GⅠ）　2014年

（新潟競馬場／芝・左回り1200m／良馬場）／定量戦

枠	馬番	馬名	性齢	斤量	騎手	人気
1	1	アースソニック	牡5	57	石橋脩	16
	2	ローブティサージュ	牝4	55	秋山真一郎	7
2	3	トーホウアマポーラ	牝5	55	幸英明	11
	4	ガルボ	牡7	57	津村明秀	12
3	5	マジンプロスパー	牡7	57	小牧太	14
	6	コパノリチャード	牡4	57	浜中俊	3
4	7	ダッシャーゴーゴー	牡7	57	勝浦正樹	18
	8	アフォード	牡6	57	蛯名正義	15
5	9	ストレイトガール	牝5	55	岩田康誠	2
	10	マヤノリュウジン	牡7	57	池添謙一	6

6	11	ハナズゴール	牝5	55	D・ペロヴィッチ	8
	12	ベルカント	牝3	53	武豊	10
7	13	レッドオーヴァル	牝4	55	田辺裕信	5
	14	グランプリボス	牡6	57	三浦皇成	4
	15	ハクサンムーン	牡5	57	戸崎圭太	1
8	16	セイコーライコウ	牡7	57	柴田善臣	9
	17	サンカルロ	牡8	57	吉田豊	17
	18	スノードラゴン	牡6	57	大野拓弥	13

■着順…………1着「⑱番／スノードラゴン」、2着「⑨番／ストレイトガール」、3着「⑬番／レッドオーヴァル」

■的中………ワイド⑨-⑱／1790円 ※ワイド⑨-⑱を1万円購入

■払い戻し…17万9000円

※2番人気と13番人気の馬を組み合わせたワイドの1点予想で穴馬券を的中

このレースも思い出深いですね。スノードラゴンとストレイトガールのワイド1点勝負。レース当日は、沼津の劇場（沼津ラクーンよしもと劇場）に出ていて、楽屋でほかの芸人さんたちとレース中継を見ていました。結局、僕が買った2頭の1・2フィニッシュ。「うわ～、マジかぁ？」って。これは本当にショックでしたね。馬連を買っておけば73・6倍ですよ。当たったものの、今思い出しても悔しいです。

まず僕がスノードラゴンを推した理由として、春の『高松宮記念』（GⅠ）で2着に入ったことが大きかった。1着のコパノリチャードに離されはしたけど、最後に追い込んでの2着。この実績は無視できない。今までずっとダート馬だと思っていたのですが、芝で走るとこの馬はさらに力強い走りを見せていました。

こうしてGⅠレースで2着となった馬なのに、オッズを見たらなぜか単勝で40倍以上の13番人気。これはおいしいですよね。

スノードラゴンが大外の枠に入ったのも僕にとっては評価のポイントでした。後ろから行く馬なので、ずっと外を回って、最後に直線で弾ける競馬ができる。新潟競馬場の内回りコースは、外回りコースより直線は短いんですけど、2着となった『高松宮記念』も外枠17番だったので、おそらくいけるだろうと踏みました。

これまでもこの馬は外枠にいくことが多かったので、外を回る競馬には慣れている。前走の『キーンランドカップ』（GⅢ）では、8着で掲示板にも載らなかったんですが、最後に伸びてきて0・3秒差だったから、やはり力は持っている。

騎乗する大野拓弥騎手にGⅠタイトルを取ってもらいたいという気持ちもありましたし、これで僕の中ではスノードラゴンの本命というのが決まりました。

一般的には、1200メートルレースで大外の枠だと損だというイメージがありますが、後方から競馬をする馬だったら僕はそこまで問題ないかなと思うんです。馬込みに包まれるほうが疲れる。そういった馬も中にはいますからね。

そして、僕がワイドで買おうと思ったのは、ストレイトガールがいたからです。騎乗する岩田騎手との相性も抜群だし、前走で崩れはしたんですけど、休養明けレースでの実績があり、このレースも休養を挟んでのレースでした。

春の『高松宮記念』、『ヴィクトリアマイル』（GⅠ）では連続で3着に入っている馬だし、前走から続けて崩れるということはないだろうと。

スノードラゴンにストレイトガールが勝つのは難しいかもしれないけど、3着以内なら十分に期待できると思って、ワイドにしました。

馬連も考えましたけど、そこが1点勝負の難しいところですね。普通に考えたらオッズが50倍以上の馬連だったら、ワイドを買いたくなりますよね。それにフルゲート18頭立てのレースだったので、馬連で1点勝負っていうのは、いざ買うとなったらなかなか勇気のいる決断でした。

実際のレースでは、1番人気のハクサンムーンが先行してくれたので、これは本当にありがたかったです。この馬はどんどん前に行く馬なので、外枠に入った時は、この馬に引っ張られてレースがハイペースになるだろうと思いました。

ハクサンムーンのような1番人気の馬が前に行くと、この馬と競り合って積極的に前へ出ていこうとする馬が出てくる。

そういったレースだと、ただでさえペースの速い短距離レースが、さらにハイペースになる。そうなると前にいる馬たちがオーバーペースでバテてしまい、後ろから行く馬が有利になってくる。予想した展開ではありましたが、そういった好都合な状況がいろいろ重なってくれたのも、僕にとってはラッキーでした。

結局、ワイド17・9倍に1万円賭けて、払い戻しは17万9000円。この『スプリンターズステークス』は、1200メートルという短い距離でも、展開をしっかり分析して予想すれば、けっこう当たるという自信を得たレースでもありました。

GIクラスのレースにおいて3着以内に入るような実績を持つ馬は、たとえ実戦間隔が空いていたとしても、そのブランクが半年や1年だったとしても無視できません。やはり力を持っています。「この馬は1回GIで好走したけど、次はもうないだろう」という考えも、どこかに捨てないといけません。

勝ったスノードラゴンなんて13番人気ですからね。こんなにオッズが付いていたんだってみんな驚きますけど、高いオッズが付いたのは、この馬に誰も注目していなかったということ。最初からこの馬のオッズを見ようともしていなかった人がほとんどでしょう。

そういう馬をちゃんと見つけて狙いを定められるかどうかだと改めて感じたレースでした。

第20回『アンタレスステークス』(GⅢ)　2015年

(阪神競馬場/ダート・右回り1800m/良馬場)/別定戦

枠	馬番	馬名	性齢	斤量	騎手	人気
1	1	タガノゴールド	牡4	56	北村友一	13
1	2	サンレイレーザー	牡6	56	藤岡康太	11
2	3	アジアエクスプレス	牡4	57	戸崎圭太	1
2	4	ナムラビクター	牡6	57	M・デムーロ	2
3	5	ダノンバトゥーラ	牡4	56	浜中俊	9
3	6	イッシンドウタイ	牡6	56	和田竜二	10
4	7	ダノンカモン	牡9	56	菱田裕二	15
4	8	トウショウフリーク	牡8	56	藤岡佑介	14
5	9	マスクゾロ	牡4	56	C・ルメール	5
5	10	サミットストーン	牡7	58	酒井学	12

6	11	ローマンレジェンド	牡7	58	岩田康誠	3
	12	マルカプレジオ	牡7	56	福永祐一	4
7	13	クリノスターオー	牡5	57	幸英明	6
	14	ワイドバッハ	牡6	57	武豊	7
8	15	ポアゾンブラック	牡6	56	藤田伸二	16
	16	アスカノロマン	牡4	56	太宰啓介	8

■着順……1着「⑬番／クリノスターオー」、2着「③番／アジアエクスプレス」、3着「④番／ナムラビクター」

■的中……単勝⑬／1320円 ※単勝を1万円購入

■払い戻し…13万2000円

※6番人気だったクリノスターオーの単勝を1点予想して穴馬券を的中

※斤量はアジアエクスプレス、ナムラビクター、クリノスターオー、ワイドバッハが57kg。サミットストーン、ローマンレジェンドが58kg。ほかの馬は56kg

クリノスターオーの単勝で勝ったレースですが、結局ほかの馬には見向きもしなかったほど、この時の自分の予想には確信がありました。

1番人気はアジアエクスプレスでしたが、僕はこの馬の実力に少し疑問を感じていたんです。

前走の『名古屋大章典』（GⅢ）で2着となり、前々走の『レパードステークス』（GⅢ）でも圧勝している。しかし、3走前の『ユニコーンステークス』（GⅢ）では12着に沈んでいたんです。このレースは、アジアエクスプレスが芝レースからダートに移ってきて最初のレースだったという背景もあったんですけど。

この12着だったレースが内枠だったんです。おそらく馬込みを嫌って着順を下げてしまった。1着の馬と1秒7差ですからね。その後の2戦はまた外枠を引いて快走しているわけです。

そして、今回は再び内枠。1番人気で騎乗も戸崎圭太騎手だけど、内枠を引いた時点で、「あ、もう消せるじゃん」と。単純なことですよ。でも結局、アジアエクスプレスは2着に来たんですけどね（笑）。

僕が賭けたクリノスターオーは、前走の『チャンピオンズカップ』（GⅠ）で8着に終わりましたが、強豪馬が集まるGⅠレースだけで判断するのはまだ早い。中京競馬場の左回りがこの馬の適性としてどうなのかなっていう部分もあったし、今回のコースは右回り。

さらに、前々走の『みやこステークス』（GⅢ）を見ても5着に終わっていますが、前めで競馬をして1着との着差が0・4秒差だったので、そこまで悲観する内容でもないだろうと考えました。

そして3走前の『シリウスステークス』（GⅢ）では、斤量57・5kgの重量を背負いながらも最後に差し切って勝っています。だから力はあるんですよ。

2番人気のナムラビクターは、前々走の『チャンピオンズカップ』で2着となっていますが、これはレース展開に恵まれ、内枠ながらスムーズに走れたことが大きい。前走の『東海テレビ杯東海ステークス』（GⅡ）では11着と崩れていますからね。

さらに、半年前の『シリウスステークス』では、クリノスターオーに競り負けている。同じような展開がこのレースで再現できればナムラビクターは消せるなと判断しました。

次に3番人気はローマンレジェンドでしたが、これはもう斤量で消しました。やはり58kgっていう重量は厳しいのかなって。

これで人気上位の有力馬は消えました。さらに、オッズを見たらクリノスターオーは単勝で10倍以上。それでこの馬を選んだんです。

クリノスターオーが外枠を引いたのもかなり大きかった。確かにここ2戦はいいレースができていませんでしたが、展開に恵まれない面もあったので、外から2〜3番手でレースを運べて、最後にこの馬の力さえ出すことができれば勝てるはず。

この馬は本当にレース展開に左右される部分が大きくて、内枠で変に揉まれないほうがいいなというのがあり、僕の中では外枠が勝つための必須条件でした。内と外の適性の見極めは重要です。あとはこの馬の地力に賭けた感じでした。

実際にレースのほうは、1番人気のアジアエクスプレスが引っ張る展開となり、クリノスターオーは僕がイメージしたとおり、道中2番手で競馬ができました。1番人気の馬は前めで競馬をして力を出し切ろうとするので、絶対に前に行くと思っていました。そしてクリノスターオーは途中で不利を受けることもなく、最後はしっかりと差し切って勝つことができました。

ダートレースの場合は、やっぱり「前に行ける馬」というのが買う要素として最も考慮します。あとはコンスタントにタイムを出せているか。

１８００メートルだったら1分50秒近くのタイムが出ていないと、やっぱり買いたくはならない。クリノスターオーは、タイムが速くなる稍重《ややおも》のレースですけど、１分50秒２というタイムを出していました。

それにこのレースでは、そこまで前に行きたがる馬が揃っていなかった。だから道中２番手のポジションはかなりの確率で取れるだろうなという予想を立てることができたのです。

単勝13・２倍に1万円賭けて、払い戻しは13万２０００円。そこまで実績がない馬なのになぜか僕には自信があって、実際に予想も的中。勝てるイメージが浮かんだんです。そう考えると面白いレースでした。穴馬の１着予想を的中させるというのは、また格別な喜びがあります。

第62回『毎日杯』（GⅢ）　2015年

（阪神競馬場／芝・右回り1800m／良馬場）／別定戦

枠	馬番	馬名	性齢	斤量	騎手	人気
1	1	ペガサスボス	牡3	56	藤岡佑介	13
2	2	グリュイエール	牡3	56	A・シュタルケ	5
	3	マサハヤドリーム	牡3	56	酒井学	12
3	4	ナヴィオン	牡3	56	藤田伸二	4
	5	ロードフェリーチェ	牡3	56	四位洋文	9
4	6	テイエムクロタカ	牡3	56	国分優作	15
	7	ソールインパクト	牡3	56	浜中俊	10
5	8	ダノンリバティ	牡3	56	武豊	3
	9	ミュゼエイリアン	牡3	56	川田将雅	7
6	10	シュヴァルグラン	牡3	56	内田博幸	8

6	11	アルバートドック	牡3	56	藤岡康太	6
7	12	ルナプロスペクター	牡3	56	大野拓弥	11
	13	アッシュゴールド	牡3	56	池添謙一	2
8	14	ジュヒョウ	牡3	56	D・バルジュー	14
	15	アンビシャス	牡3	56	松山弘平	1

■着順………1着「⑨番／ミュゼエイリアン」、2着「⑧番／ダノンリバティ」、3着「⑮番／アンビシャス」

■的中………単勝⑨／1400円 ※単勝を1万円購入

■払い戻し…14万円

※7番人気だったミュゼエイリアンの単勝を1点予想して穴馬券を的中

※馬の性別、年齢、収得賞金額、勝利レースのグレードなどによって規定の重量が各馬の斤量に加算される別定戦として行われるレースであるが、すべての出走馬が斤量56kgとなり、斤量に差は付かなかった

このレースも単勝でした。ミュゼエイリアンの単勝1点買い。

僕の予想の傾向として共通する部分があるとすれば、着差の分析ということかと思います。やはり、過去の負け方を徹底的に分析して、〝価値のある負け〟を見つけないと、穴馬と出会うことはできません。

僕がミュゼエイリアンに注目したのも着差でした。前走の『共同通信杯』（GⅢ）は4着だったのですが、1着とは0・5秒差。そして前々走は500万円以下条件の『葉牡丹賞』に出て6着ながら0・4秒差、3走前も同じく500万円以下条件『百日草特別』に出て3着で0・5秒差、4走前の『札幌2歳ステークス』（GⅢ）も4着で0・2秒差。どのレースを見ても同じような感じで健闘している。

着順だけ見るとパッとしないんですけど、いずれのレースも着差はわずか。これは地力があるということなんですよ。

そして、この馬は走りの自在性も大きな魅力。3歳馬でありながら脚質に幅があって、相手の馬なりに合わせて走れたり、追い足を使ったりと状況に応じた対応力がある。だからどんなレース展開になっても、わずかな着差で付いていけるわけです。そこは競走馬としてすごく大事な能力です。

デビューから3戦目までミュゼエイリアンは後方からの競馬だったのですが、ここ2戦はある程度、前めで競馬をしていたので、この『毎日杯』（GⅢ）でも前に行きたいのだろうなと予想しました。

対して、1番人気のアンビシャスは、新馬戦と500万円以下条件で連勝し、強豪揃いだった『共同通信杯』も0・3秒差の3着。過去の戦績を見るとさすが1番人気の馬という実績。

ちなみに『共同通信杯』では、ミュゼエイリアンと直接対決しています。東京1800メートルの少頭数12頭立てなので、ミュゼエイリアンより外枠のアンビシャスのほうが前めで競馬することができ、そのまま先着しましたが、今回の『毎日杯』は阪神の1800メートルなので、大外枠にいったアンビシャスよりも内枠にいるミュゼエイリアンのほうが先に前に出ていくことが予想できる。展開次第では、ミュゼエイリアンのほうが前めで競馬できると考えた時、アンビシャスと着順の逆転もあるのかなと。

そして2番人気のアッシュゴールドは、オルフェーヴルの全弟という血統から過剰人気になっているだけだろう。そう踏んだ時点で消しました。

この馬は多頭数レースで結果を残せていなかった。8頭立てとか9頭立ての少頭数レースで2着とか3着に入っているだけで、多頭数レースの勝利は未勝利戦のみ。血統を気にしない僕にとっては並の馬。血統で過剰人気になっている馬はいつも躊躇《ちゅうちょ》なく消しています。

3番人気のダノンリバティも、ミュゼエイリアンが『共同通信杯』で先着しているソールインパクトにほかのレースで負けていたし、タイムを見てもたいしたことはない。これも消せます。これで上位の有力馬は消えました。

騎手についても、川田将雅騎手はこのレースでミュゼエイリアンに初騎乗となりますが、この馬はこれまでにもフランシス・ベリー騎手だとか、横山典弘騎手だとか、田辺裕信騎手だとか、いろいろな騎手が乗り替わっても常に堅実な競馬をしていたので、そこも不安はありませんでした。

最初は複勝も考えたんですが、そこまでオッズが付かなかったんです。複勝が売れていたということを考えると、この馬は3着には入る力があると評価されているのでしょう。有力馬とそこまで実力差が開いてるわけでもないと思ったので、こうなったら思い切って単勝で勝負してやろうと。

ミュゼエイリアンが、最後粘れるかなという部分だけが少し不安でした。結果としてはギリギリの勝利となりましたが、予想はバッチリでした。

ただ、ゴールした瞬間に「あ～、差された！」って思ったんです。僕の見ていた角度からは完全にダノンリバティが差したように見えたので、結果を聞いた時は嬉しい半面、すぐには信じられなかったです。

この馬券は『ウイニング競馬』の番組内で買ったんですが、単勝14倍を1万円買って14万円取りました。ミュゼエイリアンは7番人気でしたが、オッズは意外に付きましたね。

持ちタイムや過去の戦績だけでなく、僕は直接対決の内容や結果も重視しています。直接対決を見ると、次やっても同じ結果になるのか、条件が入れ替わったら勝てるのか、なんとなくわかる部分もありますからね。

第16回『チャンピオンズカップ』（GⅠ）　2015年

（中京競馬場／ダート・左回り1800m／良馬場）／定量戦

枠	馬番	馬名	性齢	斤量	騎手	人気
1	1	ノンコノユメ	牡3	56	C・ルメール	3
	2	サウンドトゥルー	せん5	57	大野拓弥	5
2	3	ワンダーアキュート	牡9	57	和田竜二	14
	4	サンビスタ	牝6	55	M・デムーロ	12
3	5	ニホンピロアワーズ	牡8	57	酒井学	15
	6	ナムラビクター	牡6	57	秋山真一郎	7
4	7	コパノリッキー	牡5	57	武豊	1
	8	ダノンリバティ	牡3	56	A・アッゼニ	9
5	9	ローマンレジェンド	牡7	57	岩田康誠	4
	10	グレープブランデー	牡7	57	R・ムーア	10

6	11	コーリンベリー	牝4	55	松山弘平	13
	12	クリノスターオー	牡5	57	H・ボウマン	11
7	13	ホッコータルマエ	牡6	57	幸英明	2
	14	ガンピット	せん5	57	Z・パートン	6
8	15	グランドシチー	牡8	57	津村明秀	16
	16	ロワジャルダン	牡4	57	浜中俊	8

■着順………1着「④番／サンビスタ」、2着「①番／ノンコノユメ」、
3着「②番／サウンドトゥルー」

■的中………複勝④／1180円 ※複勝を5万円購入

■払い戻し…59万円

※12番人気だったサンビスタの複勝を1点予想して穴馬券を的中

複勝が的中したにもかかわらず、このレースはもう後悔しかないですね。

だって、サンビスタの単勝は66・4倍ですよ！　なんでこんなに人気がないんだろう。競馬新聞も揃いも揃って無印。このオッズは、僕にとっては本当に驚きでした。

サンビスタという馬は、とにかく安定感が抜群。地方競馬の重賞レースを主戦場としていますが、ここ3戦も2着、1着、2着と崩れることなく好成績を残しています。

牝馬で、さらに6歳という時点で当然人気薄にはなるのですが、安定感は僕が最も重視する部分でもあるので、もっと評価されていい馬だと思います。

しかし、1番人気のコパノリッキー、2番人気のホッコータルマエ、3番人気のノンコノユメなど、上位人気の有力馬はそれ以上に安定していました。

コパノリッキーはここ4戦で3勝。ホッコータルマエは前年のこのレースで勝利し、コースとの相性も良い。ノンコノユメも4連勝中と波に乗っている。

さらに、牝馬はこのレースで勝てないとずっと言われていたので、サンビスタに期待が集まらなかったのもそういう理由があったのかもしれません。

ところが、乗り替わりでサンビスタに騎乗するのは、前めで競馬ができるミルコ・

デムーロ騎手。そして引いた枠順は内枠。こうなると事情が変わります。僕がよくやる〝内枠のギャンブル〟です。その条件が揃ってしまった。

内から経済コースを通り、内でずっと我慢して、馬群が外に膨れて広がった直線の隙間を、デムーロ騎手が逃さず突いて飛び出し、あとは直線で伸びてくれっていう。複勝なら十分に勝機はある。こう考えたら、有力馬を消すしかないと。

本当はやっちゃいけないんですが、消せる要素がないなと思っても、強引に消すこともあるんです（笑）。心の中では、「理由もないのに何で有力馬を消すんだ！」という声と、「人気薄馬に自分だけでも夢を乗せようぜ！」という声が戦っている。たとえ確率的にはナシでも、可能性があるならそれを信じるということですね。

まずホッコータルマエに関しては、強いんだけど勝ち方にインパクトがなかった。3強で3着を外すならこの馬かなと考えました。UAE（アラブ首長国連邦）で開催された『ドバイワールドカップ』（GⅠ）から帰ってきて3戦目。そろそろ遠征疲れが出てくる頃でもある。さらに不利な外枠を引いたのでこれは消せるなと。

しかし、ノンコノユメは消せる要素が見つからなかった。最内の枠に入ったけど、クリストフ・ルメール騎手だからしっかりさばいて馬を走らせるはず。4連勝なんて本当に実力がないとできないし、この馬には勝てなくても仕方ない。

コパノリッキーも1番人気だけあってやっぱり強いし、崩れる可能性は少ない。でも複勝は2頭までなら先着されてもOKですからね。ここが複勝の奥深さです。

あとはサンビスタが所属する角居厩舎です。角居厩舎はやっぱり競走馬の仕上げに関しては一級品だし、競走馬に対しての情熱がすごい。僕も番組の取材などでその仕事ぶりに感銘を受けたことがあり、それもサンビスタを信じる大きな後押しとなりました。

当初のこの馬の単勝オッズは20~30倍くらいでした。それがどんどんオッズが上がり、レース当日には60倍にまで跳ね上がった。僕は前日の『ウイニング競馬』で1万円を買って、当日に4万円を追加購入。「だ、大丈夫なのか俺は?」って自分に何度も問いかけながらでしたが……(笑)。

実際のレースは、デムーロ騎手がちゃんと直線で隙間を突いて飛び出し、賭けが完全にハマりました。ここまでうまくハマると快感です。ただ、まさか1着になるとは思いませんでした。勝って悔しいとはこのことです。

この穴馬券に5万円も賭けることができたのは、サンビスタが馬込みをそんなに嫌うタイプじゃないことも大きかった。地方競馬の深いダートで、砂まみれの中を走ってきたこの馬の経験値が出ました。馬込みで揉まれても平然としていて反応も良かった。この馬に賭けるのはギャンブルって言いましたけど、当然ながら自分の中で勝算は持っていました。

複勝11・8倍が見事に的中。5万円買っていたので払い戻しも59万円に。ただ……、単勝にしとけばなぁ。でもまぁ、僕がそこまで信じ切ることができなかったということですね。それに、6歳牝馬のサンビスタが勝ったことで大きな感動をもらいました。

実力が少し劣る馬でも、勝てる展開、勝てる見込みがあれば、それをどこまで信じられるか。ここが穴馬券予想の醍醐味でもあります。

自分が予想したレース展開になるかどうかは騎乗する騎手への信頼感が不可欠。このレースでは信頼するデムーロ騎手に乗り替わったことで勝機が見えた。人気薄馬に賭けるということは、何かを信じるということかもしれません。

第153回『天皇賞（春）』（GⅠ） 2016年

（京都競馬場／芝・右回り3200m／良馬場）／定量戦

枠	馬番	馬名	性齢	斤量	騎手	人気
1	1	キタサンブラック	牡4	58	武豊	2
	2	トゥインクル	牡5	58	勝浦正樹	9
2	3	カレンミロティック	せん8	58	池添謙一	13
	4	トーセンレーヴ	牡8	58	武幸四郎	14
3	5	フェイムゲーム	牡6	58	H・ボウマン	4
	6	アドマイヤデウス	牡5	58	岩田康誠	11
4	7	ファタモルガーナ	せん8	58	内田博幸	16
	8	シュヴァルグラン	牡4	58	福永祐一	3
5	9	トーホウジャッカル	牡5	58	酒井学	7
	10	アルバート	牡5	58	C・ルメール	6

6	11	タンタアレグリア	牡4	58	蛯名正義	10
	12	ヤマニンボワラクテ	せん5	58	丸山元気	17
7	13	マイネルメダリスト	牡8	58	柴田大知	18
	14	サトノノブレス	牡6	58	和田竜二	12
	15	サウンズオブアース	牡5	58	藤岡佑介	5
8	16	ファントムライト	牡7	58	三浦皇成	15
	17	ゴールドアクター	牡5	58	吉田隼人	1
	18	レーヴミストラル	牡4	58	川田将雅	8

■着順…………1着「①番/キタサンブラック」、2着「③番/カレンミロティック」、3着「⑧番/シュヴァルグラン」

■的中…………複勝③/1390円 ※複勝を5000円購入

■払い戻し……6万9500円

※13番人気だったカレンミロティックの複勝を1点予想して穴馬券を的中

このカレンミロティックという馬は、8歳という高齢馬なのに第一線で頑張っていて、前からずっと追いかけていた競走馬でした。高齢馬が必死に走っている姿からはいつも感動をもらっているので、このレースでも注目していたんです。

そして、予想のために競馬新聞を読んでいたら、紙面の端っこにカレンミロティックの小さな記事を見つけました。するとそこに「今回のレースでダメだったら……」といった引退を示唆するような関係者のコメントが載っていたのです。

それでさらに応援したい気持ちが強くなりました。騎乗する池添謙一騎手にも、GⅠで2着の騎乗が続いていたので、勝ってほしいという思いがありました。

普通に考えれば、この8歳馬は買えないという判断になりますが、こうなったら勝てる理由を見つけようと。このレースは答えを解き明かすというより、すでにある答えに対して、その答えが正しいと証明する材料を集める作業でした。これはもう無理にでも自分を納得させるためですね。

カレンミロティックは、4走前の『京都大章典』（GⅡ）で3着に入るも、その後に続けて崩れて、前走の『阪神大賞典』（GⅡ）では1秒以上離されて惨敗。着差が1秒を超えたらもう決定的です。これはもう終わったなと思うのが普通なのですが、前年の『天皇賞（春）』（GⅠ）で3着となり、いいタイムを出していたんです。

その時に勝ったのはゴールドシップ。しかし、3着との着差はわずか0・1秒。あの時の本気を出したゴールドシップに0・1秒差なら、タイム的にはカレンミロティックじゃないか。なぜなら、今回出走する馬であの時のゴールドシップに勝てる馬はいないだろうと考えたからです。

しかし、ここ5戦で4勝し、前走の『阪神大賞典』も勝っている3番人気のシュヴァルグランについては、ちょっと勝てる見込みがない。1番人気のゴールドアクターも5連勝中の実績は伊達《だて》じゃない。2番人気のキタサンブラックも3000メートルの菊花賞で勝って長距離レースの適性を証明している。それでもゴールドアクターには、枠順次第でカレンミロティックも勝負できると考えました。

そうするとゴールドアクターが外枠、キタサンブラックが内枠、カレンミロティックも内枠と、奇跡的にすべて自分が望んでいた枠順になったんです。

この枠順だと、キタサンブラックが引っ張ってレースを展開するだろうから、カレンミロティックはその後ろに付いて良いポジションで競馬ができる。内から経済コースを通って抑えながら2番手で走っていれば、直線で最後にチャンスが訪れるはず。あとは脚を使って勝負。前年の『天皇賞（春）』で見せた粘り強い走りを再現できれば、3着以内には十分に食い込めるだろうと。あの時の力がまだあればという、多少の願望も入っていましたが、これでカレンミロティックの複勝で勝負することを決めました（単勝も併せて購入）。

僕は意外に短距離レースよりも、長距離レースのほうが枠順を気にします。外枠になると、外を通って少し長い距離を走らなければならない。長距離だと大回りすることによるロスがより増えるので、外枠は不利なんです。短距離レースだったら、そこまで外枠不利ってこともないんですけどね。

だからゴールドアクターは外枠に入ったということと、長距離レースで勝った経験がないという要素から、思い切って消しました。3200メートルは長いですから。

不安要素があるとすれば、前年よりカレンミロティックが歳を取ったこと。前年と同じ力が発揮できるかは未知数なので、そこは池添騎手に期待するしかありません。

乗り替わりではありますが、もともとカレンミロティックが3歳の頃はずっと池添騎手が乗っていたので、ブランクはあってもそこは心強かったですね。

実際のレースは、ほぼ僕がイメージした展開。最後の直線ではカレンミロティックが差し脚を使って先頭のキタサンブラックを一瞬とらえたんですが、最後に差し返されて惜しくも2着でゴール。まさか2着になれるとは思っていなかったので、優勝は逃したものの、本当に感動しました。

複勝13・9倍を5000円買って、払い戻しが6万9500円。応援ありきの馬券だったので、5000円しか買っていなかったのが残念……。でも十分満足ですね。

結果は2着でしたけど、複勝を買った僕からすれば、カレンミロティックは勝者です。大好きな馬を応援できて、馬券も当たって、払い戻し金額以上に心に残るレースとなりました。

やっぱり好きな馬に対しては、どうしても思い入れがあるので、馬券予想においても流されることがあります。そういう場合でも、できるだけデータを分析して、勝算がないかを必死に考えています。このレースはそれが見事にハマりました。

第130回『目黒記念』(GⅡ) 2016年

(東京競馬場/芝・左回り2500m/良馬場) ※ハンデ戦

枠	馬番	馬名	性齢	斤量	騎手	人気
1	1	サイモントルナーレ	牡10	48	藤田菜七子	15
	2	リヤンドファミユ	牡6	54	川田将雅	14
2	3	レコンダイト	牡6	55	武豊	6
	4	ネオブラックダイヤ	牡8	54	横山典弘	16
3	5	モンドインテロ	牡4	56	H・ボウマン	4
	6	マリアライト	牝5	56	蛯名正義	1
4	7	マイネルラクリマ	牡8	57・5	柴田大知	17
	8	マドリードカフェ	牡5	54	川島信二	10
5	9	サムソンズプライド	牡6	54	戸崎圭太	7
	10	ヒットザターゲット	牡8	58	小牧太	8

6	11	クリールカイザー	牡7	57・5	田辺裕信	12
6	12	ショウナンバッハ	牡5	55	岩田康誠	11
7	13	スーパームーン	牡7	56	M・デムーロ	5
7	14	タマモベストプレイ	牡6	56	津村明秀	13
7	15	クリプトグラム	牡4	54	福永祐一	3
8	16	タッチングスピーチ	牝4	55	C・ルメール	2
8	17	デウスウルト	せん8	54	石橋脩	18
8	18	ジャングルクルーズ	せん7	56	内田博幸	9

■着順……1着「⑮番／クリプトグラム」、2着「⑥番／マリアライト」、
3着「⑩番／ヒットザターゲット」
■的中……複勝⑩／660円 ※複勝を18万円購入
■払い戻し…118万8000円

※8番人気だったヒットザターゲットの複勝を1点予想して穴馬券を的中

これは『うまズキッ！』の「目指せ100万円！ジャンポケ斉藤　炎の自腹1点勝負」企画の3回目のレースでした。そして、同企画2回目で100万円をゲットしたのも、この時と同じ『目黒記念』（GⅡ）の前年のレースでした。このレースはハンデ戦。ハンデ戦の予想は楽しいんですが、いつも本当に悩みます。

僕が賭けたヒットザターゲットは、前年の同レースで11番人気ながら圧勝し、続く『札幌記念』（GⅡ）でも洋芝の直線であり得ない隙間から伸びてきて2着。着差も0・0秒でほぼ同着だったので、勝ちに等しいレースでした。

この2走まではいい感じだったんですが、その後の『ジャパンカップ』（GⅠ）と『有馬記念』（GⅠ）で崩れちゃったんですよね。そこから休養して今回の『目黒記念』が久々のレース。だから評価がすごく難しかったです。

オッズを見てみると、1番人気はマリアライト。前々走の『有馬記念』で4着ながら着差0・1秒。3走前の『エリザベス女王杯』（GⅠ）では優勝。実績としては十分なんですけど、それだけに斤量が重かった。牝馬で56kgはキツい。

2番人気のタッチングスピーチもGⅠや重賞レースで実績を残していましたが、前走の『産経大阪杯』（GⅡ）では崩れている。3番人気以下の馬はだいたい1600万円以下条件やオープンを勝ち上がってきたばかりの馬。軸にするにはイマイチ決め手がない。

本命馬は斤量が重いし、あとの馬も決め手に欠けるなら、複勝で狙うしかないと。さらに番組の企画上、100万円を勝たないといけなかったので人気薄を狙わないとそこまで届かない。そこで目を付けたのが8番人気のヒットザターゲットでした。

ここ2戦崩れているとはいえ、前年の勝ち馬が人気薄になったのは、出走馬の中で一番重い58kgという斤量も関係している。そのハンデをどう見るかでした。

この馬は、前年の『目黒記念』を見る限り力はある。ただ休養明けということは気になりました。もうひとつ、枠順は内枠が理想だったのですが、やや外寄りの5枠になってしまったんです。勝った前年のレースは1枠。前年の勝ちパターンを再現するには内枠が絶対条件でした。だけど、5枠でも何とか内に入り込むチャンスはあるにはある。これ以上外の枠順だったら買わなかったかもしれません。

結局、僕がヒットザターゲットに賭けたのは、またこれも8歳馬ってことですね。

やっぱり高齢馬を応援したいんです。もちろん勝算があってこそですけど。

僕の中では、内に入って前年と同じような競馬ができれば、マリアライト以外の馬には勝てるはずだと思っていました。不安があるとすれば、やはり前年のレースから斤量が1kg増え、歳も取っていること。なにせ、8歳馬ですからね。

実際のレースでは、騎乗した小牧太騎手がスタートから見事に内へ入っていってくれたんです。これは小牧騎手が素晴らしかった。この時点で内に入れていなかったら5着にも届かなかったんじゃないかと思います。そこから内でじっと我慢して、最後の直線で内に1頭分だけ入れる隙間が開いたところで前に飛び出しました。

最後の直線は馬が本当に頑張って走ってくれました。ギリギリ3着に飛び込んで、勝負強かったですね。思わず何度も叫んじゃいました。

複勝6・6倍に18万円を賭けて、払い戻しは118万8000円。この時も何とか100万円獲得達成で、番組の見せ場を作ることができて良かったです。

当たったからいいですけど、今考えると8歳で斤量58kgの馬に1点勝負って、無茶苦茶ですよね。負けるなら、きっと惨敗だろうなと思っていました。

馬券予想において、前年に同じレースで勝っている馬をどのように評価するかは難しいところです。でも同じレースを再現できる条件が揃って、なおかつオッズもおいしかったら狙い目じゃないかなと思います。

番外編①：涙の100万円惨敗レース

僕の競馬人生には、100万円勝ったレースだけでなく、100万円負けたレースもあるんです。しかも番組の企画などではなく、サラリーマン時代の話。

役者の夢をあきらめ、営業マンとしてバリバリ働いていた頃、僕は営業成績も上々で仕事はいたって順調。給料も歩合が付くのでけっこうな金額をもらっていました。言ってみれば何不自由ない生活です。

しかし、仕事に対してやりがいや生きがいみたいなものを感じることができず、心の中にはずっとモヤモヤしたものがありました。

さらに仕事がだんだん忙しくなると、休日出勤で週末に競馬場へ行けないことも増え、仕事をして、ご飯を食べて、ただ寝るだけの毎日にストレスを感じ始めたんです。

そんな生活が続いたある日、僕はふと、〝何か無茶苦茶なことをやりたい〟という衝動に駆られ、気づけば中山競馬場にいました。

そこでこれから始まる平場の8頭立て少頭数レース。狙うのは、複勝で5番人気2〜3倍が付いていた馬への1点勝負。そこに僕はなんと50万円を賭けたんです。

さらに投票締め切り直前、オッズが少し上がったことを確認すると、僕は迷うことなくさらに50万円を追加購入。合計100万円!

そして、レースの結果は……「ハナ差4着」。それも写真判定の末に出た結果でした。

100万円を一気に失った僕は茫然《ぼうぜん》自失の状態となり、席から動けなくなりました。閉館時間になっても席を立たない僕のところに警備員さんが来て、強めの口調で「お客さん、もう閉館時間ですの……」と言いかけたのですが、急に優しくなって「気を付けてお帰りください」とだけ言って警備員さんは去っていきました。どうやら僕の100万円負けた馬券が見えたみたいなんです。

電車賃は残っていたのに、結局僕は家まで茫然としたまま数時間歩いて帰りました。

今思えば、あの大博打は退屈な日常を何とかして変えたい僕の心の焦りだったと思います。お笑いの世界に飛び込んだのは、その翌年のことでした。

番外編②：クリスマスデートをぶち壊した競馬場の誘惑

芸人になってからも、惨敗を喫した苦い思い出があります。

まだデビューして間もない頃の話ですが、僕は当時付き合っていた彼女の希望で、クリスマスにディズニーランドへ行く約束をしていました。クリスマス当日、僕と彼女は朝早く東京駅から京葉線に乗ってディズニーランドへと出発。

ところが京葉線の路線図を見た僕の目に「南船橋駅」の文字が飛び込んできてしまいました。南船橋駅は船橋競馬場の最寄駅です。「船橋競馬場に行きたい……！」。

すぐさま彼女に提案するも、もちろん即答で却下。それでも、ちょっとだけだからと必死に食い下がり、渋る彼女を連れて競馬場に向かいました。

しかし、そんな日に限って馬券はさっぱり。ディズニーランドに行かないといけないし、彼女の機嫌はどんどん悪くなるしで、競馬に全然集中できないという悪循環。

それでも負けっぱなしでは終われないと粘っていたら、あっという間に最終レースが終了。持ってきた5万円は消えてなくなり、もはやディズニーランドに行く時間もお金もありません。

ずっと楽しみにしていたクリスマスのディズニーランドデートをぶち壊された彼女は、当然ながらカンカンです。彼女のあまりの剣幕にビビった僕は、競馬場と同じ南船橋駅にあるショッピングモールで、「クリスマスプレゼントを買ってあげるから許して」と懇願し、こっそり駅前の消費者金融で10万円を借りました……。

結局、彼女が選んだ靴をプレゼントして、豪華なディナーまでご馳走《ちそう》したので、なんとか機嫌を戻してくれましたが、最低なクリスマスでしたね。もちろん、すべて自分のせいですけど……。

今思えば、クリスマスを台無しにしてしまって、彼女には本当に悪いことをしたなと思います。あの頃は本当に競馬依存症に近い状態といいますか、彼女と一緒にいても競馬のことばかり考えていて、彼女の顔が馬に見えることもありました（笑）。優しい彼女だったんですけど、この子がいなければもっと競馬に集中できるのに、とか悩んだりして、自分のことながらかなりヤバかったですね。

今はもう競馬で約束を破るようなヒドいことはしません。競馬との適正な距離感というのは、年齢を重ねるにつれて（ようやくですが）確立されてきたように思います。

番外編③：芸人仲間に爆笑された痛恨の惜敗レース

ある程度テレビに出させてもらえるようになってからも、忘れられない惜敗レースがひとつあります。ジェンティルドンナが勝った2012年の『秋華賞』（GⅠ）。このレースで僕は30万円負けたんですよ。これもショックでしたね。

このレースは『桜花賞』（GⅠ）を含む重賞3連勝中だったジェンティルドンナがバリバリの本命でした。あまりの人気によって、2番人気のヴィルシーナでさえ単勝6倍以上のオッズが付いていたんです。

でも、ヴィルシーナが内枠に入ったので、内から経済コースを通れば外枠に入ったジェンティルドンナに勝てると僕は確信。勝負を賭けようと決めました。

レース当日は、渋谷の「よしもと∞ホール」のライブに出演するため、出番前に渋谷ウインズでヴィルシーナの単勝を30万円で1点買いしてから劇場入りすると、すぐに楽屋のテレビで競馬中継を視聴。楽屋は大部屋だったので、気が付くと僕のまわりに20人以上の芸人が集まっていました。

僕がヴィルシーナに30万円賭けていることを伝えると、なぜかまわりの芸人たちが大興奮。『秋華賞』がスタートすると楽屋はもうお祭り騒ぎです。

レースは予想通りのレース展開となり、最後の直線勝負。前を行くヴィルシーナに、ジェンティルドンナが怒涛の追い込みをみせ、まったく並んでゴール。

結果、ヴィルシーナはハナ差の2着でした。180万円以上の払い戻しをゲットしたと思った直後に30万円が水の泡となったことを知りました……。

僕はもうその場でひっくり返って絶叫ですよ。それを見たまわりの芸人たちは腹を抱えて爆笑していました。その日に僕らがライブで披露したコントよりも、確実に大きな笑いが起こっていましたね。

馬券を買っていたのは僕だけだったのに、ここまでまわりの人間も熱くさせる競馬はやっぱりすごい。負けて悔しい一方で、妙に感心したことを覚えています。

第六章
だから競馬はやめられない

新たな出会いと別れを楽しむ

僕はどちらかというと無趣味な人間で、競馬は唯一の趣味と呼べるもの。もし競馬がなかったら僕の人生はどれだけ退屈だったことか。考えるだけでも恐ろしくなります。

よくジャングルポケットのメンバーたちから、「そんなに没頭できる趣味があって羨《うらや》ましい」と言われますが、自分でもここまで夢中になれる趣味があって、本当に恵まれているなと感じます。

競馬だけは本当に飽きることがありません。中学生の頃に出会って以来、飽きるどころか、どんどん競馬への愛情が大きくなっています。

その理由のひとつに、競馬界ならではの新陳代謝の激しさがあると思います。競走馬の寿命については第一章でも書きましたが、名馬といわれる競走馬でも、その多くはデビューからわずか3～4年で引退していきます。

2016年、世界で最も権威のある競馬レース『凱旋門賞』(仏・GⅠ)に日本から出走したマカヒキは、デビューから約1年で最高峰の舞台に立ちました。

これは高校球児が日本プロ野球を経てメジャーリーグに挑戦するのと同じようなこと。競走馬はそれをわずか1〜2年の短い期間で消化するわけです。これだけでもサイクルの速さがわかるでしょう。

その代わり、毎年数多くの新馬がデビューし、新たな出会いに恵まれます。さらに、その出会いの中には、引退を惜しんだ名馬の子どもも含まれます。

親から子へ、子から孫へ。新たな出会いと別れの繰り返し。競馬は見続ければ見続けるほど、競走馬が代々紡いでいく壮大な大河ドラマを楽しめる。だから一度競馬ファンになると、その魅力にどっぷりとハマってしまうのかもしれません。

僕も馬券を買ったことのある競走馬の子どもがデビューすると、いつも感慨深い気持ちになります。競馬の魅力は、数多くの競走馬が成長していく姿を楽しめること。決してギャンブルだけじゃないんです。

僕が好きな競走馬① カラジ

好きな馬、応援したくなる馬ができると、競馬はより楽しくなります。

僕も取材などで好きな競走馬についてよく聞かれるのですが、そういった質問をされるたびに答えているのが、カラジという馬です。だけどこの馬は、かなりの競馬ファンじゃないと知らないと思います。

カラジはオーストラリアの競走馬なんです。最初は平地のレースに出ていたのですが、7歳という高齢で障害レースに転向。そこから頭角を現し、日本の障害レースにも出走するようになりました。

戦績もすごくて、2005年から障害のGIレースである『中山グランドジャンプ』（J・GI）を3連覇。最後に優勝した時はなんと12歳ですよ！　これは今でも中央競馬のGI級レースにおける史上最高齢の勝利記録となっています。

前述しましたが、僕は障害レースを愛しているので、障害レースに出走する馬には思い入れがあります。その中でもカラジは10歳を超えても障害レースに挑戦し、なおかつ勝利するわけですから、そりゃあ感動します。競走馬としては大ベテランのカラジが障害を飛越する姿は、今でも忘れられません。

僕がカラジを好きな理由はもうひとつあります。平地レースから障害レースに転向して輝いたカラジには、自分の人生が重なるんです。

もともと僕は役者として舞台に立つことが夢でした。しかし、その夢は叶《かな》わず挫折。そこからお笑いの世界に転向し、今は芸人として舞台に立たせてもらっています。役者としてはまったく芽が出なかったけど、芸人として少しだけですが人から認めてもらえるようになりました。

自分が輝ける場所って必ずどこかにあると思うんです。カラジは高齢でありながら障害レースに挑戦してGIホースになった。僕もサラリーマンを辞めてゼロからお笑いの世界に飛び込み、芸人として舞台に立つ夢が叶った。

カラジには、自分の居場所を見つけた経緯が重なって感情移入してしまいます。これほど勇気と感動をくれた競走馬はいません。僕もカラジを見習ってベテランになっても活躍できるように頑張りたいと思っています。

僕が好きな競走馬②　エリモハリアー

次に好きな競走馬として挙げたいのがエリモハリアーです。この馬もすごく有名というわけではありませんが、国際GIレースである『ジャパンカップ』にも出走しているので名前ぐらいは聞いたことがあるという人もいるのではないでしょうか。

この馬は僕が『アメトーーク！』（テレビ朝日系）の「競馬芸人」の回に出た際にも、好きな馬として紹介させてもらいました。ほかの芸人さんがみんなGIタイトルを獲得した名馬を紹介している中、僕だけGⅢタイトルしか獲ったことがない馬だったので少々不安でしたが、無事オンエアもされて嬉しかったですね。

この馬の実績はズバリこれしかありません。GⅢレースである『函館記念』の2005年からの3連覇です。ほかのレースではさっぱり勝てないのに、なぜか『函館記念』では勝つんです。偶然なのかコースとの相性がいいのか、初夏の函館の気候が合うのか。馬はしゃべれないので本当の理由はわかりません。ただあの馬の中ではなんとなく『函館記念』というレースを意識していたようにも見えるんです。なにせほかのレースとは走りが全然違いましたから。

エリモハリアーにとっては『函館記念』が輝く場所だったわけです。僕はこういった自分の得意な条件にハマると実力を発揮する職人タイプの馬も好きなんです。夏の函館でしか勝たない馬って、なんか格好いいじゃないですか。そういうところにも競馬のロマンを感じます。

競走馬にはこういう馬もいるんだぞっていうことをもっとたくさんの人に知ってもらいたい。とはいっても、エリモハリアーのような戦績の馬は、馬券予想において一番やっかいなのですが。

僕が好きな競走馬③　ステイゴールド

ステイゴールドも忘れられません。この馬を知らない競馬ファンはいないでしょう。ステイゴールドは小柄な馬体ながら気性が激しく、騎手泣かせの馬でした。あるレースではコーナーとは逆に旋回して騎手を落馬させるなど問題児ぶりを発揮。調教不十分と判定されて調教再審査を受けたこともありました。

しかし、競走馬として確かな実力もあり、1998年にはＧⅠレースの『天皇賞（春）』『宝塚記念』『天皇賞（秋）』でいずれも2着。いつの間にか〝シルバーコレクター〟と呼ばれるようになりました。この頃からアウトローな存在感とビッグレースの惜敗ぶりで競馬ファンから愛されていたのです。息の長い競走馬として活躍し、ＧⅠレースの出走数は20回にも及びました。

ステイゴールドが伝説になったのは、引退レースとして挑んだ海外ＧⅠ『香港ヴァーズ』（2001年）。海外の強豪馬が出走する中、最後の直線で約5馬身差をゴール寸前で逆転し優勝。引退レースで、しかも7歳で日本の国産馬初の海外ＧⅠ制覇という快挙を達成したのです。

武豊騎手の手綱さばきも見事でしたが、それはもう鳥肌が立つ勝利でした。映画かドラマのような展開。本当に競馬ファンから愛されていた馬なので、日本の競馬史に残る最高のハッピーエンドでした。

騎手を何度も危険な目に遭わせてきたやんちゃな馬なのに、なぜあれほど多くの競馬ファンから愛されたのか。それについて考えると自分の母親から聞いたある話を思い出すんです。

僕の母親は教師をしているのですが、僕が中学生の頃、家で仕事をしていた母親に「どういう生徒が好きなの?」と質問したことがありました。すると母親は、「みんな同じぐらい好きだけど、問題を起こすやんちゃな子とか、成績の悪い子、無口で目立たない子が気になっちゃうし、とても可愛く思える」と答えたんです。

当時はピンと来ませんでしたが、問題児が気になるっていうのは、競馬ファンがステイゴールドを愛した感覚と似ていますよね。

それに優等生ではなく、目立たない子を可愛く思えるっていうのも、僕がスターホースよりもスポットライトの当たっていない馬に惹かれる気持ちと同じ。母親の好きな生徒と僕の好きな競走馬が似ているのは、ちょっと面白いですね。

僕が好きな競走馬④　サイレンススズカ

やっぱりサイレンススズカも外せないですね。この馬も多くの競馬ファンの脳裏に今も刻まれている名馬ではないでしょうか。晩成の馬でしたけど、古馬になってからの強さはまさに圧巻でした。

〝誰も前を走らせない〟といった感じでスタートから先頭に飛び出す逃げ馬。後続の馬たちをあまりにも大きく引き離すため、レースを遠目から見ないとサイレンススズカだけどこを走っているのかわからない。しかもそのまま逃げ切って勝ってしまう。あの豪快な大逃げに魅了されましたね。

最後のレースとなったのは、『宝塚記念』（GⅠ）を含む重賞5連勝で迎えた『天皇賞（秋）』（GⅠ）。このレースでも1番人気の大本命でした。

いつものようにスタートから一気に飛び出し、後続が見えなくなるほど引き離したサイレンススズカでしたが、4コーナー手前で故障を発症して突然失速。そのまま競走を中止しました。

ケガは左前脚手根骨粉砕骨折という重傷。回復は困難という診断結果が下され、残念ながら予後不良（安楽死）の処置が取られました。

大好きな馬が突然いなくなる衝撃。もちろん競馬にはこういうアクシデントが付きものだとわかってはいましたが、さすがにショックでした。

サイレンススズカだけでなく、どの競走馬だって命懸けで走っている。だからこそ疾走する競走馬の姿に、僕はいつも勇気と感動をもらっています。

人生は何があるかわからない。だからこそ時間を無駄にしてはいけない。失速したサイレンススズカの姿を思い出すたびに、僕は身が引き締まる思いになります。この馬は短い一生の中で、僕にいろいろなことを教えてくれました。

競走馬を預かる調教師の愛情

競走馬に対して、ファン以上に愛情を注いでいるのが調教師です。『ウイニング競馬』の取材で、僕も関東の美浦《みほ》トレーニング・センターや、関西の栗東《りっとう》トレーニング・センターにも行かせてもらえるようになりましたが、調教師の方々のプロ意識や仕事ぶりには深く感銘を受けました。

馬主から大事な競走馬を預かり、調教に取り組む調教師さんには、職人気質で少し堅いイメージを持っていたのですが、取材すると意外に気さくな方が多いんです。そして、人間性が素晴らしい人物ばかり。だからこそ言葉の通じない馬たちからも信頼されるんだろうなと思います。

根本康広調教師は、競走馬だけでなく、弟子である藤田菜七子騎手にも愛情を注ぎ、厳しくも温かい目で見守っています。藤田騎手の活躍場面に音楽を付けたオリジナル動画まで作っていて、僕にも「ほら見てよ」と、自分のことのように弟子の雄姿を誇らしげに見せてくれました。

藤田騎手が中央競馬のデビュー戦において、根本厩舎の競走馬で2着に入った時は感動しましたね。実績のない新人騎手が過剰に注目されることを好ましく思わない人もいますが、根本調教師は藤田騎手のメディア露出をあえて規制しません。そこには、プレッシャーに打ち勝つ騎手になってほしいという親心と、競馬界を少しでも盛り上げたいという競馬愛があるようです。

あのオルフェーヴルを育てた池江泰寿調教師も、いつも取材を歓迎してくれて、本番前には冗談をバンバン言って笑わせてくれます。しかし、いざ本番になると真面目《まじめ》モードに切り替わり、調教師としてわかりやすく正確に情報を伝えてくれる。まさにプロフェッショナルという感じ。ただ、池江調教師のあの面白さをテレビで伝えられないのが少し残念ですけど。

馬への愛情の強さは角居勝彦調教師や戸田博文調教師も素晴らしいですね。特に戸田調教師には、「斉藤くんのお笑いライブを観に行くよ」と言っていただいて、お気持ちだけでも嬉しかったんですけど、後日にお忍びで本当にライブ会場へ来てくれたのです。ところがチケットが売り切れていて、そのまま帰られたとのこと。

その話を聞いた時は本当に申し訳なくて……。前もって言ってくだされば招待券をご用意したのに、ちゃんと一人のお客さんとして観ようとしてくれたんです。

こういう魅力的なホースマンとの出会いがあるから、どんどん競馬が好きになってしまうのです。

競馬場は最高の娯楽施設

映画館や遊園地など多種多様な娯楽施設がありますが、競馬場ほどいろいろなことが楽しめる場所はなかなかありません。一人で行っても楽しいし、デートにもオススメだし、家族連れでも楽しめるし。実は競馬場こそ最高の娯楽施設だと思います。

特に中央競馬の競馬場は場内が広くて開放的だし、美しい芝コースもあって都会の喧噪を忘れさせてくれます。

パドックへ行けば間近で馬を見ることができるので動物園的な楽しみ方もできる。パドックに登場する競走馬は、レースに向けて完璧に仕上げてきた馬たちなので、その馬体の迫力と美しさはまさに芸術。馬によって体つきや毛色、たてがみの毛並みなどにも個性があり、何時間見ていても飽きません。

レースを観戦できる場所も競馬場は多彩です。映画館や劇場などは席が決まっているじゃないですか。その場でじっとして見ていないといけない。対して競馬場では、場内をウロウロしながらいろいろな場所で観戦できます。コースを見下ろす上階席から見てもいいし、下まで降りていってコースの間近で見てもいい。のんびり芝生に腰を下ろして見られる競馬場もたくさんあります。

また、デートで行った時などには、有料の指定席もオススメです。席種によってイスもソファーになったりとグレードが上がります。中央競馬の競馬場にはテーブル付きのペアシートも用意されていて、席にはモニターが付いているため、細かいレース展開やレース結果も席にいながら把握できます。

小さいお子さんのいる家族連れでも競馬場なら心配なし。開催時期や人数制限があったりしますが、ポニーの乗馬が楽しめたり、馬車に乗れたり、ゴーカートやミニ電車で広場を走れたり。しかもこれが全部無料ですよ！

さらに来場者に向けたイベントも年々増えています。競馬関連だけでなく、グルメイベントや女性向けイベントなど、ユニークなイベントが満載。子ども向けのヒーローショーまでやっていますからね。

さらに、東京競馬場を含む中央競馬の競馬場では、競馬初心者のためにビギナーズセミナーまで開催しています。馬券の買い方から勝馬投票券のマークシートの塗り方、競馬新聞の読み方にいたるまで、競馬を楽しむための基礎知識を20分程度でわかりやすくレクチャーしてくれます。これもなんと無料です。

ここまでやってくれる競馬場って本当にすごくないですか？　こんなに至れり尽くせりの娯楽施設なんてほかにはないですよね。

地方競馬場の絶品グルメたち

そして、競馬場の魅力として僕が一番知ってほしいのは、なんといってもグルメです。とにかく競馬場はご飯が美味しいんです。

競馬場グルメの魅力は選択肢の多さ。場内には数多くの飲食店が入っているので和洋中いろいろなメニューが楽しめます。さらに、レストランから喫茶・軽食店、テイクアウト店まで揃っているので、一人で行っても家族連れで行っても心配ありません。特に中央競馬の競馬場は飲食店のラインナップが幅広く、デパートのレストランフロアと、ショッピングセンターのフードコートが合体したような充実ぶりなので、選ぶのに迷ってしまいます。

僕は全レースの馬券を買うため忙しくて、基本的にさっと食べられるものか、予想しながら食べられるテイクアウトのものが中心。いざテイクアウトしても場内は広いし、座れるところもたくさんあるので食べる場所には困りません。芝生席に行ってピクニック気分で食べている人もいます。空の下で食べるご飯がまた美味しいんです。

ただ競馬場ではなるべく馬券にお金を使いたいので、ついつい食事代をケチッてしまいます。これは競馬場あるあるで僕だけじゃない。実際にそばを食べに行ったら、かけそばに50円プラスして卵を入れようか迷ってるおじさんとかたくさんいますからね。その何十倍もの金額を賭けて馬券を買ってるくせに、たった50円をいつまで迷ってんだよって（笑）。

競馬場ごとの特徴でいうと、東京競馬場にはあのホテルオークラのレストランがあり、本格的な食事を堪能できます。またオークラのサンドウィッチやお弁当が買える売店もあります。午前中のレースで勝つとランチはオークラで贅沢《ぜいたく》にっていう人もけっこういますね。ほかにも中央競馬の競馬場には有名レストランの支店があり、外食気分も味わえますが、グルメに関していえば個人的には中央競馬より地方競馬に軍配が上がります。

地方競馬の競馬場は絶品B級グルメの宝庫。ローカル色が強くて、そこでしか食べられない味があるんです。船橋競馬場なら「東西商会」の牛モツ。味噌《みそ》がしっかり染み込んでいて最高。ちなみに東西商会のお店は１～３階にありますが、僕はいつも１

階で買っています。2階にある「田久保」のカレーも絶品で、行くとつい食べたくなります。

浦和競馬場なら「優駿3号」のおでんですね。出汁《だし》がしっかり染みていて、その上安い！

川崎競馬場はパドック脇の売店に名物のやきそばなど人気グルメが集結していますが、僕的にはチキンフライがイチオシ。ここはナイター競馬があるので地酒なんかも売れています。

大井競馬場はほかの地方競馬よりローカル色はやや薄いのですが、ここでもやっぱりB級グルメが人気です。スイーツ類も充実しているので女性客は嬉しいと思います。あと女性にはビュッフェスタイルの食事を楽しみながらレース観戦ができるレストラン席も好評です。さらに大井競馬場はグルメイベントにも積極的。内馬場にバーベキュー場とかビアガーデンを開設するなど、期間限定のグルメにも注目です。

このように競馬場は食事も楽しみのひとつ。本当に美味しいので、皆さんは僕みたいに食事代をケチらず、たくさんの絶品グルメを堪能してください。

だから穴馬券はやめられない

僕が穴馬券を狙う理由は第二章でも触れましたが、決して無理して人気薄の馬を狙っているわけではありません。誰だって損はしたくないですからね。馬券を買う時、僕はいつだって本気で勝ちに行っています。

人気薄馬に賭ける穴馬券狙いであっても、僕の予想にはすべて根拠があります（たまに強引な時もありますが）。

それに穴馬券狙いには、競馬の魅力がすべて詰まっています。謎解きゲームのような予想の醍醐味、ギャンブルのドキドキ感、一攫《いっかく》千金への期待感、的中した時の達成感など、こういった高揚感は手堅い馬券だけを買っていてもなかなか味わえないのではないでしょうか。

さらに、穴馬券を買うことによって、レースをより熱く観戦することができます。賭けた競走馬に対する思い入れも強くなるように感じます。自分が一度でも賭けた馬は、その後も気になってずっと追いかけますからね。

また、収支面でいっても穴馬券狙いは決して無謀なギャンブルではありません。勝率ではなく、収支で考えるとよくわかります。

たとえば、本命馬に絡めてオッズが2倍の馬券を1000円だけ買うとします。当たったら払い戻しが2000円となり、1000円のプラスになります。このやり方で1万円を儲けようとしたら、10回続けて当てないと届きません。

それに対し、穴馬券狙いであれば、その10レースでオッズ20倍の馬券を1回でも当てれば1万円の儲けになるのです。コツコツ当てるか、ドカーンと当てるか。どうせ儲けが同じぐらいなら、一攫千金の夢を見たほうが楽しいと思うのです。

穴馬券狙いも、このように考えるとそんなに悪くないと思いませんか？　ただ、何度も言いますが穴狙いの1点勝負はさすがにオススメしません。僕みたいに1点勝負にこだわらなければ、券種を選ぶ選択肢も増えて、さらに一攫千金のチャンスは増えるはずです。

僕は穴馬券狙いにこだわることで、競馬の醍醐味を知ることができました。これだから穴馬券はやめられないですね。

競馬から人生を学ぶ

どんなスポーツでもケガや事故は付きものですが、その中でも競馬は特に危険な部類に入ると思います。

鞍上《あんじょう》から落馬した騎手は2メートル近い高さから振り落とされるわけですから、それだけでも危険なのに、後続の馬に蹴られたり踏まれたりするケースも少なくありません。騎手にはカッコ良くて華やかなイメージがありますが、まさに命懸けの仕事なのです。

騎手だけではありません。競走馬も命を懸けて戦っています。500kg前後の巨体を細い足で支えながら疾走するサラブレッドは、常に脚の故障と隣り合わせ。骨折や靭帯《じんたい》損傷といったケガを脚1本に負うだけでも、そこから立てなくなったり、さまざまな併発症を起こしてしまいます。サイレンススズカのように脚一本をケガしただけなのに、安楽死を選択せざるを得ない場合もあるのです。

競走馬を走らせるのは人間のエゴだと言う人もいます。確かにそうかもしれません。

しかし、僕は競馬番組の仕事を通して、馬主さんから調教師さん、調教助手さん、厩務員さん、騎手の方々と、関係者の仕事ぶりを間近で拝見する機会に恵まれました。

馬に優しく声を掛けながら世話をする厩務員さんや調教師さんの姿からは、どれだけ馬のことを愛しているかがひしひしと伝わってきます。騎手の皆さんも馬体をさすったり、語りかけたり、ただ鞍上に乗っているのではなく、馬と心を通わせて会話している。そんな時には、なんとなく馬も喜んでいるように見えるのです。

まさに人馬一体。競馬は言葉の通じない人と馬が力を合わせるところにロマンがあるのではないでしょうか。競馬関係者の愛情を目の当たりにして、僕はいっそう競馬が好きになりました。

おかげさまで今は僕もテレビ番組や劇場に出演させてもらっていますが、現場ではスタッフの方々への感謝を忘れず、しっかり挨拶することを常に心掛けています。支えてくれるスタッフの皆さんがいるからこそ、僕らは本番に集中できる。一人では何もできません。そういう大切なことも競馬に教えてもらった気がします。

すべての競走馬に拍手を

僕は人生において大切なことを、すべて競馬から学んできました。競馬と出会っていなければ、僕の人生はまったく違うモノになっていたと思います。

レースで競走馬が必死に駆け抜ける姿を見るたびに、僕はいつも胸が熱くなります。その感動は、父親に連れられて初めて競馬場へ行った時から何も変わりません。

競走馬の中でも、特に僕が好きなのは、スタート直後から先頭に立ち、逃げ切って勝利を狙う「逃げ馬」です。その走りは、行けるところまで行くという戦い方。必死に走るも逃げ切れず、力尽きて後続に追い付かれる姿もまた美しいんです。

レースではどうしても1着争いにばかり注目してしまいますが、下位の馬たちも必死に走っています。だから馬券が外れたとしても、ひとつのレースが終わるたびに、僕はすべての馬たちへ拍手を送りたくなるのです。

競馬はギャンブルを超えたロマンです。この本を通して一人でも多くの人に競馬の素晴らしい魅力を知ってもらえれば嬉しいです。

構成：谷口洋一
編集協力：江藤優子

斉藤慎二［さいとう・しんじ］

1982年、千葉県八千代市生まれ。2007年、お笑いトリオ「ジャングルポケット」を結成。競馬好き芸人として知られ、『アメトーーク！』（テレビ朝日系）の「競馬芸人」や『うまズキッ！』（フジテレビ系）にも出演。『ウイニング競馬』（テレビ東京系）では司会を務めている。14歳から競馬の魅力にはまり、競馬歴は20年。桐朋学園芸術短期大学卒業後、文学座附属演劇研究所、営業マンを経て芸人という異色の経歴を持つ。

編集：新井治（よしもとクリエイティブ・エージェンシー）
榊田一也（小学館）

競馬なしでは生きられない！

二〇一六年 十二月六日 初版第一刷発行

著者 斉藤慎二
発行人 菅原朝也
発行所 株式会社小学館
〒一〇一－八〇〇一 東京都千代田区一ツ橋二ノ三ノ一
電話 編集：〇三－三二三〇－五一四一
販売：〇三－五二八一－三五五五

印刷・製本 中央精版印刷株式会社

Printed in Japan ISBN978-4-09-823505-6